钟学富 ■ 著

# 休闲哲学

中国社会科学出版社

# 图书在版编目（CIP）数据

休闲哲学／钟学富著. —北京：中国社会科学出版社，
2009.9（2018.9 重印）

ISBN 978-7-5004-8098-3

Ⅰ.①休…　Ⅱ.①钟…　Ⅲ.①哲学—通俗读物
Ⅳ.①B-49

中国版本图书馆 CIP 数据核字（2009）第 158504 号

---

| | | |
|---|---|---|
| 出 版 人 | 赵剑英 |
| 特约编辑 | 李登贵等 |
| 责任编辑 | 陈　彪 |
| 责任校对 | 蒋海军 |
| 责任印制 | 郝美娜 |

---

| | | |
|---|---|---|
| 出　　版 | 中国社会科学出版社 |
| 社　　址 | 北京鼓楼西大街甲 158 号 |
| 邮　　编 | 100720 |
| 网　　址 | http：//www.csspw.cn |
| 发 行 部 | 010-84083685 |
| 门 市 部 | 010-84029450 |
| 经　　销 | 新华书店及其他书店 |

---

| | | |
|---|---|---|
| 印　　刷 | 北京君升印刷有限公司 |
| 装　　订 | 廊坊市广阳区广增装订厂 |
| 版　　次 | 2009 年 9 月第 1 版 |
| 印　　次 | 2018 年 9 月第 2 次印刷 |

---

| | | |
|---|---|---|
| 开　　本 | 880×1230　1/32 |
| 印　　张 | 9.125 |
| 插　　页 | 2 |
| 字　　数 | 185 千字 |
| 定　　价 | 48.00 元 |

---

凡购买中国社会科学出版社图书，如有质量问题请与本社营销中心联系调换
电话：010-84083683

# 文化消闲中的哲学（代序）

常言道："衣食足知荣辱"，说的是经济发展、物质生活条件改善之后人们精神面貌、思想追求的变化。荣辱者"体面"也，肚子饿得咕咕叫时难得去顾什么体面，万般无奈只好"饥不择食"。但顾体面却有不同顾法，厕所装金马桶固然是体面，有知识有文化也算得上体面。正因为如此才会有"附庸风雅"的伴随现象，不过多数人绝非只想当风雅之士，而是真心希望充实和提高自己。因此我们看到，人们在收入增加、谋生的压力减轻之后，渐渐兴起了"文化消闲"的时尚，正可谓"饱暖思读书、思学习"是也。台湾有个经济学家叫高希均，他早年提出一个口号叫"把酒柜换成书柜"，社会今天似乎也真的该把观念改一改了。有报导说随着经济发展和医药水平的提高，人的平均寿命虽然增长，自身的免疫力却反而成弱化的趋势，不仅老祖宗当年"不干不净、吃了没病"的豪迈现今的孩子赶不上，甚至都市男性精子的数量也明显减少（与生活节奏加快造成的神经紧张有关），假如再由于消费品的充裕，生活越来越安逸和舒适，人的进取心和求知欲反而下降，那可真的该算是"成长的悲哀"了。所以文化消闲不能闹成某种自生自灭的社会现象放任自流，而是有识之士都必须抓住的促进社会发展的重要契机。

文化消闲当然要有文化的内涵，但它绝不同于严肃意义上的学知识、学文化，比如为了工作需要，带着明确的目的去进修某个专门学科或特殊技能，它甚至不同于个人在与本职工作无关的领域凭兴趣、爱好，满足求知欲进行的钻研。消闲的特点是在知识的海洋中漫游，目标并不明确具体，也没有强制性，遇见什么便是什么，很像在海边捡拾贝壳，讲求放松，讲求趣味性，即使阅读也多半属于鲁迅所说的"随便翻翻"，所以只能叫做"消闲"或"休闲"。但是千万别小看这种似乎漫不经心的学习，它虽不刻意打造，却日积月累、潜移默化，所谓"随风潜入夜，润物细无声"，更能影响人的整体思想素质。好比说一个江湖汉子，没念过几天书，却完全可能做下惊天的壮举，他一身侠肝义胆从哪里来的？也许就靠从书场中听"说岳全传"或"三国"、"水浒"学来的。古今中外讲求个人的思想修养都主张博学多才，吸收各种思想营养，反对"单打一"。德国的黑格尔自诩"人类的一切在我都不生疏"，中国则向来不赞成武将只会逞匹夫之勇，而崇尚文武双全、儒将风格。现在有些工作狂，你看他干起事来真不要命，可是注意力过分集中，知识面狭窄，常常囿于己见，乱发脾气，其实是在事态或环境的变迁中思想偏执、头脑僵化、难得与时俱进。还有些女孩子，因为社会竞争激烈，自己无心时政也不让男友关心时政，从早到晚只想把每一秒钟都用来挣钱。我就遇见一位显然不知"杂家"为何物的女生向我抱怨其男友说："他又不从政，管那些没用的闲事干吗？"我回答说："那样一来，你岂不让他只晓得身边的琐事，婆婆妈妈、鸡零狗碎，还怎么能像男子汉一样头脑灵活、视野广阔？一旦你们发生点小摩擦，又哪来的胸襟、气度让着你？"

诸如此类的例子可以举出许多，它使人联想到教育家常说的智力和非智力因素的差别，前者大体是指课堂教授的系统的科学知识，后者则比较广泛，包括人的道德精神、性格特征等。重视智力因素当然是对的，但绝不能仅仅认为它才算"真本事"。很多人不了解，对个人成就而言非智力因素其实远胜于智力，因为它控制着"智力"如何使用。试想一个人在挫折面前心灰意冷、毫无斗志，纵然满腹经纶又有何用？这点在教育学家中几乎已是定论。有一个非常重要的差别大家可能注意到了，即智力因素允许经程序化的方式刻意打造，从小学的语文算术，到中学大学更高深的科目，都能由浅入深、循序渐进地编出教学计划。相反，非智力因素却无法排出打造的程序，谁见过哪所学校开设"勇敢学教程"去培养学生的勇敢精神的？各种非智力因素主要是通过社会实践、生活磨砺逐渐形成的，而在这个过程中，文化消闲却可能扮演重要的角色。事物的发展规律、人生的经验、价值的取向等，均可借助不同的文化载体，以不同的渠道和方式移植到个人的头脑中，成为个人思想观念的有机组成部分，影响着人们的社会行为。

以休闲的方式来获取知识、增长智慧、陶冶情操一点都不稀奇。知识经济时代各种消费品的技术含量普遍增加，民众毋须专门学习，只要在日常生活中正常消费就能"顺便"获得许多有用的知识，哪怕它们不够专业，同样是知识的传播，有助于开发民智。现在家家都有若干日用电器，不少人不仅知道如何正确使用，甚至学会了简单的维护，这难道不算科学技术知识的普及？不过这些知识与在课堂和书本上学到的一样，都属于"智力"范畴。相反，在娱乐和其他休闲活动中也都以不同的方式或多或少纳入各种具体的知识内容，可称为"知识文艺"，我们甚至可以不拘一格搞些"知识旅游"、"知识夏令营"等，它们却更多影响非智力因素。原因之一是在这些活动中常常模拟生活的片断，融入人生的哲理，却不靠说教，而靠体验，更多采用形象思维，除了以理服人，还要以情动人。

"文化"肯定是好词，但不能"捡到篮子里都是菜"，不能搞"优名化"，说它一定代表真善美，无论中外，无论传统或当代，都既有精华也有糟粕，两者混在一起，叫人"拎不清"。尤其现在不少人把文化当"产业"，故意迎合某些低级趣味，管它消极颓废、丑陋低俗，只要能换来钞票，都一律包装出售。休闲文化讲求放松，他们更容易乘虚而入，使各种沉渣泛起，叫人不能不格外小心，鉴识其中品味的差别。

　　在讲求趣味的消闲活动中，故事性很强的文艺作品、历史题材占据重要的地位，拥有最大的听众、观众或读者群，这是容易理解的。可是为什么哲学也要来凑热闹呢？在人们的刻板印象中，哲学是高深莫测、晦涩难懂的代名词，所谓"深奥的哲理"说的就是这个意思。其实这是天大的误会，哲学 philosophy 一词在希腊原文中本是由"爱"和"智"两个字组成的，可以解释为由热爱、酷爱滋生出来的聪明和智慧。照这样解释它应当是一种招人喜欢的东西才对，怎么后来却钻进象牙塔，弄得神秘兮兮，叫人觉得挺玄乎的了呢？这个细节很难考证，但责任一定在哲学家方面。比如黑格尔，他的书拿腔拿调，装腔作势，连哲学教授也未必真正啃得动，加之被赋予"官方哲学"的崇高地位，当然要和民众产生隔膜、严重脱节了。

　　有一个口号，叫"让哲学从哲学家的课堂上和书本里解放出来"，可惜绩效一直不彰，尤其还曾经有人借题发挥，打过一些莫名其妙的笔墨官司，结果是大大糟蹋了哲学的名声。所以现在选择"休闲哲学"做题目颇有点像捡着一块烫手的山芋，没有独出心裁的构思，说来说去只是干巴巴的几条筋，除了套话就是废话，哪怕再通俗易懂，照样不能引人入胜，一定砸锅无疑。这当然考验作者的智慧和功底，成功与否要看能否挽回哲学的名声，它得由读者自己判定。但无论如何，"休闲哲学"也不能轻易打退堂鼓，否则"文史哲"三剑客，休闲文化中就缺少一大块。而且和文艺的、历史的题材相比，这一块更富于"智慧"的色彩，搞好了能够帮助人学聪明，其功效是其他任何形式不能取代的。

　　不过，对于哲学能消闲我还是满有信心。消闲不等于睡大觉，完全不动脑筋。按照俄国巴甫洛夫的高级神经活动学说，大脑保健的关键是实现"兴奋"和"抑制"的平衡，别太累，也不能太闲，绝对懒惰的人是没有的，也并不真正有益健康。《西游记》中说"心猿意马"，暗喻人的思想非常活跃，像活蹦乱跳的猴子或脱缰的野马，不信可以试试佛家所谓的"入定"（摒除心中一切杂念），真的不容易：哎呀，闭上眼睛就红尘滚滚！只要醒着，人总会想点什么，思考是大脑的常态。问题是要使思考产生快感，除了那些好事、美事、轻松愉快的事可以使人沉湎不起、想入非非之外，把道理真正讲深讲透，让求知欲得到彻底满足也有类似的效果。不是有人读起书来"如饥似渴"、甚至读到"拍案叫绝"吗，它显然是一种快感，体内一定伴随有快乐激素内啡呔的分泌，休闲哲学就该往这个方向努力。哲学的趣味性源于它和生活的联系，所谓"生活之树常青"。联系实际应该是哲学家的基本功，而且这方面它比文学、史学更方便，因为哲学的道理很普遍，放诸四海而皆准。文学描写他人和外域，历史描写过去，他人、外域和过去与本人当前的现实总有差别，不会完全雷同，所以借鉴也常常颇费周章，未必十分容易，否则怎么解释"生搬硬套"是个贬义词呢？

通过消闲来学点哲学，要求别太高。我给自己定的标准是，首先文字不要使人感到太累，但凡做到这点我就打及格分。其次才是希望读者能够偶有所得，谈不上什么"全方位"、"多层次"，只消点点滴滴、点滴在心头即可。哲学这玩意儿曾经被说得很伟大，因为它普遍，但实际上做事情光靠哲学远远不够，因为事情都是具体的，必须先依靠专门科学的特殊规律。哲学的作用在于教人跳出既有框架作整体观察，辨识方向，常常是在不经意的情况下使人脑子开窍，拿它当饭吃可不行。不过这个"开窍"兴许正在事情发展的"关节点"上，所以也不能完全忽略，而要给予适当的重视。

哲学的普遍性来源于它的概括性，这点对评估既有的哲学遗产极其重要。老祖宗确有许多了不起，值得学习、尊重、传承和发扬，但同时也万万不能被吓趴下。须知，他们再聪明、再能耐，用现代的眼光来看都只能算"科盲"。在他们的年代，社会的发展水平能够提供怎样的知识背景？他们进行理论概括的基础会有多广泛？假如把我们今天懂得的科学道理讲给他们听，估计他们多半听不明白，这就叫历史的局限。再说，哲学家能亲身经历多少实践？许多论断不过是猜的、蒙的，虽然睿智，却无根基，人们也大可不必太认真。尤其在中国，由于鄙薄技术，思想家或哲学家宁可融合宗教的玄思，也不肯直面科学的真义，无论孔孟、老庄，或称儒释道家，莫不如是。西方在这点上却不一样，科学和哲学互相沟通，形成了传统。法国的笛卡儿，数学上有卓越成就，所以他说"我思故我在"很难辩驳。斯宾诺莎把他的《伦理学》冠上副标题，叫"依几何方式证明"，表示他避免武断而崇尚推理。培根、洛克就更不消说了。最有趣的是黑格尔，记得列宁在《哲学笔记》中评论他的《逻辑学》（大逻辑）时说，"在这部最唯心主义的著作里，唯物主义最多，唯心主义最少"，也是因为他在书中引证了大量科学的内容。这些情况使我很难不自发地数典忘祖、崇洋媚外，举双手赞成鲁迅说的要"多读外国书"。看过黑格尔《哲学史讲演录》的都知道，他对我们的"大成至圣先师"孔老夫子评价极低，和当今到处兴建"孔子学院"形成鲜明对比。不过我想这是孔老夫子沾了中国崛起的光，未必真的因为他本事大，不然十年前怎么不见这些学院？

　　需要声明的是我的这个态度只适用于中国哲学，绝非一般的中国文化，包括社会政治思想、文学艺术，尤其唐诗宋词、国画山水，中国确有中国的可圈可点之处，绝不比任何外国的差，而在哲学方面却使人十分惭愧，绝对是薄弱环节。比如，拿物质构造来说，用阴阳五行、金木水火土，去同道尔顿的原子论乃至门捷列夫的元素周期表相比，怎么比得过？

　　由于这个缘故，本书关注的重点都是"洋"哲学，黑格尔呐、后现代呐、存在主义和结构主义呐、随机性呐，等等。选择的标准首先是看能否引出有趣的话题，其次也看牵涉的范围有多广泛，能否实实在在地益心益智。所谓"洋"哲学是仅就思想的发端或出处而言，一经成为哲学道理，那就不分古今中外了，对所有的人都一概适用。不过因为是休闲，所以大家也不必太认真，非要讲究系统和严格不可，尤其有许多意见是顺势发挥或据理引申，顶多在挥洒、戏说的时候尽量做到八九不离十，别太离谱即可。以一本正经的哲学教授的目光来观察肯定会挑出不少毛病，但在下也顾不了许多。只希望爱学习的朋友耐心听我把一些事情或道理细细地掰开来讲一讲，把哲学的干巴巴的几条筋用文火煨烂，加上佐料，看看合不合你的口味。大家在繁忙的工作之余，以"随便翻翻"的方式来消除一天的疲劳，实行劳动力的再生产，倘能同时扩大一些知识面，吸收一点思想营养，按说是挺合算的，何乐而不为呢！

# 目　　录

# 一　黑格尔"看"电视

　　这个标题恐怕立刻会引起反弹：黑格尔（1770—1831）是 18—19 世纪的德国哲学家，怎么可能看上电视？胡扯！没错，电视是 20 世纪才出现的新型传媒工具，黑格尔肯定没见过，所以我在"看"字上加了个引号，表示他并非像我们一样舒舒服服坐在沙发上一边喝着茶、一边观赏节目。不过，黑格尔又的确可以"看"电视，那便是因为他作为哲学家所创立的辩证法思想，大至宇宙的浩渺无际，小至粒子的深邃无穷，通通都适用。既然如此，当今的一切也不该例外，所以黑格尔一定能带着满脑袋的哲学来"审视"和"观察"电视这种时尚的传媒。平常人有了疑惑，总爱去请一位智者帮忙"看看"，这里的"看"所指的便是"分析"和"研究"的意思。

　　为什么偏偏要把黑格尔同看电视扯在一起？原因就在他写的书，在所有流传下来的哲学遗产中，公认是最晦涩难懂的。尤其这个哲学的主要框架、也是最具特征性的"三段论",即人们常说的"正、反、合",哪怕哲学系的学生(说不定还有哲学教授!)也甚感头痛,就算背得几个要点,能够算得上真正的理解?至于联系实际、举一反三就更不消说了。所以,休闲哲学的第一个目标就是要拿黑格尔来"祭旗",非要把这个裹着神秘外衣、世人都望而生畏的大学问解释为人人都觉得浅近平易、再明白不过的道理不可。一旦攻下了这个堡垒,其他还有什么难的?自然通通不在话下。所以用一个司空见惯、平常得不能再平常的事情当突破口,彻底撕下戴在黑格尔哲学(具体说是"三段论")头上的唬人的面具,使某些哲学教授再也不能摇头晃脑、装腔作势、故弄玄虚,应该说是别有一番意境,特别适合休闲的目的。

电视现在早已普及,属于人们日常生活中不可或缺的东西。美国曾经有过一次调查,假定给你一笔巨款,比如几千万乃至上亿的美元,条件是终生放弃看电视,不过允许有其他的娱乐活动,你干不干?因为这是一个假设性的问题,不是真有大笔钱在等着你的回答,所以不能抖机灵,说:"拿了钱再偷偷看",那就失去了调查的意义。结果你猜怎么着?多数人的回答都是:"不干!"这充分证明了"看电视"在现代人们生活中的重要性和地位。在下随便估计,现在全世界除了最不发达的国家和地区,电视信号尚未覆盖之外,民众的头号休闲活动恐怕都是看电视。

可是电视的背后真有那么多哲理吗?好像有些玄乎。这个问题当然只有到本节最后才能真正回答,不过在下先自己保证，绝不胡编乱造、东拉西扯，生吞活剥哲学名词，让事实和道理之间真正互相匹配，经得起任何推敲。一定要使人体会到，对"三段论"懂一点或完全不懂对电视的感觉不大一样，至于能否对提高电视的欣赏和制作水平有某些具体和实际的帮助，那就要看各人自己的造化了。

先问大家一个极其简单的问题：你会看电视吗？你的电视欣赏能力是怎么培养起来的？这么直接的提问绝非表示侮慢，而是因为要把问题从"根"上说起。爱动脑筋的朋友恐怕会在心里掂量，"这问的是什么意思"？期待着进一步的分析。怎么分析呢？让我们来观察小孩子如何看电视。一两岁、两三岁的小孩，让妈妈抱着坐在电视机跟前，妈妈说："宝贝，咪咪来了，快看咪咪。"这个年龄的孩子，根本弄不清实物和影像的区别，不管屏幕上显示的还是地面上乱跑的，只要大人叫咪咪，他都接受它是咪咪。有人怀疑说，屏幕上的咪咪和地上的活咪咪差别太明显了，怎么会混淆呢？但这是大人的心理，因为大人已经对影像和实物形成了不同的概念，给两者划上明确的界限，而小孩子在弄清影像和实物属于不同"种类"的事物之前是划不出这种界限的。不错，屏幕上的咪咪和地面上的咪咪肯定有区别，小孩子也能感觉到这种区别，但黄猫和黑猫、大猫和小猫也有区别。只要不对这些区别进行分类，哪些是实物之间的区别，哪些是实物和影像的区别，总之在小孩具备"类概念"的逻辑能力之前，他都不可能分辨影像和实物。在这种情形下，无论屏幕上或是地面上的咪咪都是"真"的咪咪。事实上，有的孩子两三岁时可能根本没见过真的咪咪，先看见的就是屏幕上的咪咪，那就更无从分辨真假了。换句话说，对于这个年龄的孩子，无论实物或影像，既无所谓"假"，便一切都是"真"，或者说只有"真"。

接下来情况会逐渐变化，小孩子大一点之后总会弄清两者的区别，这时屏幕上的咪咪就变成了"假"的咪咪，所谓"假"指的是影像和实物的区别。这个变化很重要，假如始终分不清影像和实物，把屏幕里的一切都当真，那就变成傻子了。比如看见屏幕里有宴会，马上就想进去入席，有坏人行凶，自己便要进去"见义勇为"，显然是很荒唐的。这个由"真"到"假"的变化是一个很大的进步，表明认识有了提高。聪明的读者看到这里自然立即领悟到了，在看电视的"三段论"中，我们已经实现了由"正"到"反"的过渡："真"是"正"，"假"便是"反"，很轻松便进入了"三段论"的第二阶段。

可是，光知道电视不过是影像，和实物相比是"假"的还不行。如果电视光是假，只是影子在晃动，和真的一点关系也没有，根本不传递实物的信息，那还看电视干吗？所以在弄清了电视影像为"假"、不同于实物之后还要"回过头来"，承认影像和实物之间存在某种对应关系，影像传递着实物的信息，这才使人能够透过"假"去认识和了解"真"。好比活的咪咪是三维，屏幕上只是二维，但二维是三维的投影，两者看着很相似。声音也一样，动物和扬声器发声肯定不同，但听着却相似，甚至逼真，使人可以分辨，不会把咪咪认成"咯咯"（鸡）、"咩咩"（羊）或其他什么东西。这表示电视是假中有真、以假代真、亦假亦真、真真假假，"假"和"真"不是简单排斥、而是被糅合在一起，形成了所谓"合"的关系。

请看，就这样抓住实物和影像的关系，三下五除二，立马就证明在"看电视"这么一个"很不哲学"的简单事件里确确实实有一个"正、反、合"的"三段论"，不是在下生编硬造出来的。黑格尔如果活在当今世上，也一定会用这个眼光去"看"电视。（还能有别的"看法"吗?!）

不过，光是证明"有"一个"三段论"似乎也没什么了不起，说着玩玩挺新鲜，顶多使人感觉黑格尔聪明，真有大用处吗？这个问题问得好，所以我们必须进一步揭示它的内涵，挖掘更多、更深的学问，让大家逐渐明白"正、反、合"所展示出的其实是事物进化、发展的一般途径，带有规律性，对各个方面的工作、包括个人立身行事都有指导作用，那就非同小可了。进化、发展是严肃的课题，"人往高处走"，谁不要进化和发展？"三段论"既然普遍，世间万事万物里就都该有，看电视虽属小事一桩，却是一个"范本"，从一滴水去窥探大海，"小聪明"背后蕴含着"大智慧"，哲学的魅力恰恰便在这里。

我们需要仔细考察一下"三段论"的内部结构，看看"正、反、合"之间究竟是什么关系。单说"正"和"反"比较容易，小学生都学过"反义词"，就电视而言便是"真"和"假"、实物和影像的差别。关键在"合"，"合"中既有"正"也有"反"，既有"真"也有"假"，那么这个"真"和"假"同第一阶段的"真"以及第二阶段的"假"是什么关系？这是学习"三段论"必须搞清楚的一个核心问题。

从对小孩子的揣摩看得出来，他们认定屏幕上咪咪为"真"是一种"真假不分"的真，属于糊涂。而大人所谓的"真"则只表示承认影像反映着实物的某些特性，传递着实物的相关信息（形状、颜色、运动方式、声音特征等），在肯定这些信息内容的同时，绝不把两者混为一谈。除了智障人士，有谁看见屏幕上的烧鸡真的想去啃？这意味着，两个阶段上的"真"其实有很大差别。同样，第三阶段的"假"也不同于第二阶段"单纯的假"，它不仅确认电视只是影子的晃动，还肯定影像同实物之间存在相似和联系。只有把这些关系琢磨透彻，才算认识了"三段论"的内部结构，也才能充分理解第三阶段即"合"处在比前两个阶段"更高"的位置上，于是从第一阶段经过第二阶段到第三阶段才会有进化或发展。什么在发展？这里便是"电视欣赏能力"的发展。无论小孩子的真假不分，或者只把电视看作影子在莫名其妙地晃动，都不能算是"会"看电视，必须从晃动的影子看出真实的事件或过程，甚至要明了事件或过程的意义，才算是"学会了"看电视。大人之所以比小孩子高明、能力比小孩子强，区别不就在这里吗？而这个"高明"只有在第三阶段才能达到，所以说从第一到第三阶段，电视的欣赏能力有了"发展"。

这个发展是怎么取得的呢？很显然，它一共拐了两次弯儿，第一次是由"真"到"假"，第二次则是由"单纯的"假部分地回复到"真"。由"真"到"假"是第一次"否定"，再由"假"到"真"则是第二次否定，或"否定之否定"，它就是发展的一般概型。

"否定之否定"，不少人听说过，但通常感觉太抽象，还有点"绕"（含混不清），但拿看电视来打比方，我想不出有什么难点会叫人弄不明白。如果有，顶多是体会不出小孩子"真假不分"的思想状态。这不难理解，因为人大约在七岁之后才会记事，而在七岁之后，真的和假的大体上都能分清了，所以对真假不分的那段糊涂一般人都不记得。谁记得自己在母亲怀里吃奶的情形？一般都不记得，但我们能怀疑母亲吗？为什么七岁之后才记事呢？这和神经系统的发育有关，因为"长期记忆"的形成一定需要神经细胞或神经元有某些永久性的变化。这些细节现代科学还没有完全弄清，不过幼儿心理学的研究却也提供了相当可靠的佐证。比如小孩子撒谎，很小的小孩，他们"说谎"并非真的说假话，而是把自己的想象、幻觉当真。他说"小鸟飞了"，那是他想象或希望小鸟飞，而实际上小鸟却根本没动，这和大人或者稍大的孩子为了掩盖自己的错误而撒谎性质是根本不同的。本书的读者一定是成年人，早已习惯性地把影像和实物分得清清楚楚，同时把"真假不分"的原始状态忘得一干二净。但上面已经提示，可以把黄猫黑猫、大猫小猫，各种各样的猫和屏幕上的猫通通放到"猫"的概念之下，它将有助于克服理解的障碍。

这种发展的概型常常又被叫做"螺旋式上升"或"波浪式前进"，"螺旋式"或"波浪式"都是一种比喻，表示发展不是"笔直"进行的，必须要拐弯儿，而"上升"或"前进"则是因为第三阶段和第一阶段不是处在同一个位置或同样的水平上。后面这点意思很重要，因为来回拐了两次弯儿，而第二次拐弯确有"回头"的意味，很容易被误会为"倒退"。"否定之否定"的字面意思绝不是说第二次否定将第一次否定的后果"全盘"否定，回复到什么也没有发生的状态，那就成了原地踏步、兜圈子，没有任何发展了。相反，第二次否定只是"部分"回归，这是问题的关键。至于这个"部分"究竟是哪些部分，则只能依照具体问题具体分析，甚至依赖于人的具体运作。所以，即使在同一问题中，各人处理的方式不同，回归的内容、程度等不一样，所获得的效果，即发展的速度、水平也不一样。在看电视的情形我们见到了，需要否定的只是真假不分，把影像和实物混为一谈，但影像中包含的有关实物的各种信息则必须保留，只是不同的个人（孩子）开窍的时间、过程和方式不一样，形成的电视的欣赏能力也就有所差别。

有人嫌这种发展概型太麻烦，说黑格尔怎么会想出这么些弯弯拐拐来"绕"大家，把人搞得稀里糊涂，太不符合"思维经济原理"了。他们希望想问题越简单越好，极限情况是根本毋须动脑筋。特别是有人会举出各种"反例"，比如说经济活动吧，明明许多公司的生意越做越大，钱越赚越多，怎么就不能是"直线发展"呢？这样的"反例"还可能想出许多，我们不能回避。但我要指出，它们绝对难不倒黑格尔，因为所谓"反例"表面上振振有词，实际上却似是而非，原因是受了语言习惯的误导。公司规模扩大，经济学上或者口语中都叫"发展"，但哲学上讲的"发展"必须是品质的改进、水平的提高、阶段的跃升，不单是数量的变化。公司的钱越来越多，但钱作为货币（一般交换价值）的性质并没有任何变化，所以钱由一万增加到百万不算哲学上的"发展"，增加到千万、上亿也不算。为什么？因为钱不是靠它自己在增多，它的多少是公司运营的结果，如果增多一定是公司这方面或那方面工作"改进"之后带来的。"三段论"揭示的是发展的"动因"，是为什么会发展，在这些具体改进的背后，一准有这样或那样的"三段论"。这又是为什么？因为任何改进都会有困难、有阻力（当然困难、阻力有大有小），它们是改进的对立面，没有对立面做事情才会"不费吹灰之力"，可以"直线前进"，可是这等于天上掉馅饼，是根本不可能的事。克服困难、消除阻力、变不利为有利，就是实行"正"和"反"的互相转化，中国古代也早知道"相反相成"的道理，"三段论"之所以能够抓住根本，窍门儿就在于此。

　　有人想不通，既然要发展，为什么还要去"拐弯儿"？那不是谁想不想、喜欢不喜欢的问题，而是事物本身总是包含内部矛盾，包含对立面。有了矛盾，有了对立面，或者有了"正"和"反"互相较劲，就非出现否定和反复不可。我们只能按照事物本身的面目去认识它，是什么样就什么样，是没别的法子可想的。上中学时念过鲁迅写的"藤野先生"一文，记述了周树人同学当年在日本仙台留学、做人体解剖课的练习时把血管的形状稍微改动了之后，藤野教授教训他的那一段话，语言很平实，大意是"你（把血管的图形）这样改一下似乎是好看了一点，但实物是那样的，怎么能随便改动呢"？藤野先生懂不懂哲学我不知道，但他尊重事实的态度绝对是任何科学都必须采取的。

　　还回到看电视的问题上来，影像和实物的差别构成了一对"真"和"假"的论题，它们抓住了电视的本质或要义。试想电视要不搞这点假，拿影像"冒充"实际的事物，那新闻报道还怎么搞？人人都到事件发生的现场？开玩笑！而且即使去了，事情结束了，不照样什么也见不着吗？所以，电视本想要告诉你的是"真"，却偏偏不能不搞"假"，不搞"假"就不能执行自己的功能。但这个"假"又绝不能乱搞，里面一定要有"真"，还要尽量把"真"记录准确、完全，重点部分要突出，使人一目了然，尽量看得清楚明白才行。所以电视的制作，说穿了，主要就是解决"真"和"假"的协调配合的问题，或者用"三段论"的语言，在第三阶段的"合"字上下功夫。就效果来说，画面质量如何，光线、重心、视角、色彩、音效、剪接、如何切换和切入，等等，学问可大了，但说来说去，始终脱离不开如何透过"假"去表现"真"。你看那些尽忠职守的摄影记者们扛着摄像机，在人头攒动的现场挤得青筋暴起、满头大汗、气喘吁吁，想要捕捉好的镜头，目的不就是使报道更"真实"一点吗？可以说他们的行为完全是被"三段论"调动起来的。假如记者们成天累得贼死却不懂得这点，是不是让人看着有点儿"傻"？所以，哲学并不白学，至少让人活得明白。

电视里的"真"和"假"当然不只适用于影像和实物的关系，例如现场报道、实况录像之类，还有一个更大的领域，即所谓"生活的真实"和"艺术的真实"，后者虽然经过加工、掺了假，却被认为更能反映生活的本质，或"更真实"。这自然涉及文艺理论和文艺批评、文学艺术的创作、表演和欣赏的问题，尽管它们不专属于电视，因为我们还有舞台剧之类，但实际上构成看电视这项活动的主要组成部分。有些人重点看新闻，另一些人则喜欢连续剧，所以不妨也顺便说一说。它们照样全都被"三段论"管着，受控于"真"和"假"的矛盾的对立和统一。

先说"创作"。它是从"创作意图"开始的，而在这个意图中必定包含创作者的某种"真诚"，他要把从自己的观念形态出发认为"真善美"的东西奉献给观众或读者。就算创作者格调低下，纯粹为了赚钱，例如色情文学家，他也相信自己欣赏的东西别人同样欣赏，有一定市场。鲁迅问过为什么没人去写大便、写苍蝇，就是这个道理。接下来搞创作就要"弄虚作假"了，因为他必须虚构故事，塑造人物。即使报告文学，有真人真事作背景，至少也要选材，不能把人物（例如某个英雄）吃饭、睡觉、上厕所全写进作品里，那样太难看。相反，过分拘泥于生活的真实，纯粹的自然主义，反而会束缚手脚、束缚思想、抓不住生活的本质。所谓"源于生活，高于生活"，其中的"高于"就包含作假的意思，把许多优点都集中到一个角色身上，怎么不是作假？但是，虚构人物、故事或选材，一定不能脱离创作意图，即作者希望表现的"真"，不能违背生活的逻辑和客观规律去胡编乱造，否则一定砸锅，观众、听众、读者（统称"受众"）们一看就撇嘴：假模假式的，毫无说服力和感染力。完全可以说，所有的"真"表现出来的效果好不好，很大程度上就取决于作者会不会"弄虚作假"，这个道理相信大家都会接受，搞创作的成天就干这件事情。文艺理论的最基本的部分是所谓"现实主义"和"浪漫主义"如何结合的问题，它的本质，从哲学眼光来看，或者说得简约一点，不就是解决"真"和"假"如何"合"的问题吗？

　　有些理论家曾经对"创作意图"有所怀疑，反对"主题先行论"，它和曾经流行的文艺批评有关。这里有个偷换概念的问题，"创作意图"不等于"主题"，"主题"有各种各样的。创作意图是指一般的动机，没有动机就去做一件事情，从心理学来说，是绝不可能的。反对"主题先行"其实是反对有特定社会意涵的主题，你想反对就反对好了（反不反得成则另当别论），但你不可能把"动机"都反掉了。甚至像"无标题音乐"，图案画之类，也是有"创作意图"的，否则绝不可能解释为什么作者落笔时偏偏选择了这个音符、这个节拍，或者采用了那种构图、那种颜色。这种意图甚至可能表现为"潜意识"，即连作者自己都说不清楚，但"潜意识"只是观念没有表现为明确的判断，因而没有明确的社会意涵，但作者仍然抱有审美的取向，也就必然有创作的意图。

为什么一定要强调"意图"呢？因为它是作者的"内在"，而作品则是意图的"外在"表现，只有外在的表现精美，才能吸引观众、听众和读者，被他们接受，重新化为"受众"的"内在"，这既是文学艺术执行其社会功能的基本过程，也包含文学艺术的基本规律。这个过程经过了从"内"到"外"再回复到"内"的观念运动，是不是也算"真"和"假"之外的另一个"三段论"？

再说"表演"。表演的基本要求当然是要"真实"，演什么就要"像"什么，"演得一点都不像"显然是观众对演员的最尖锐的批评，这里"像"肯定代表真实。但光真实也不行，表演同时还需要适度的"夸张"，夸张便是"假"。一点都不夸张，绝对的自然主义，那肯定叫人感觉"呆板"或"死气"，很难吸引观众。但过度的夸张同样要不得，所有的演员都知道不能"做作"，要自然、要逼真，over‑making 永远是一项大忌讳。可以说，表演的要害就是要在真实和夸张之间拿捏适当的分寸、火候，它们依赖于特定的人物、特定的情节和特定的场合，有经验的老演员和刚出道的青年演员之间的差别也恰恰就在这里。

最后是"受众"方面的"欣赏"或"观赏"。看电视除了必须知道影像和实物的区别之外，恐怕最重要的就是要"看懂"或"理解"电视的内容和意涵了，而理解的要义则是要透过"虚构的故事"去认识（作者所要告诉受众的）"生活的真谛"，同样是解决"真"和"假"的问题。这个问题不是轻而易举的，一部《红楼梦》到底说的是什么，不是至今还被"红学家"们争论个没完没了吗？何况各种"真谛"多半"仁者见仁、智者见智"，岂能一下子都弄明白？还有一点，前面我们一直都把影像和实物的区别当作一个简单问题，但就是这点"小可"也一样能把人搞糊涂。有人可能想，这还能分不清楚吗？不然，你看恐怖片中的那些吓人的镜头，谁不知道它是"假"的，但它仍然使人心悸，甚至惹人发出尖叫，这就是虚假的画面可以产生真实的心理反应。正因为如此，创作和表演人员常常故意利用各种感官刺激的效应来增强或达到他们希望的观赏效果，受众们如果不知道这点那就难免受人操弄、稀里糊涂上个大当。作为哲学家，则有义务指明其原委，让大家都活得明白一些。

　　和社会的政治、经济活动或军国大事相比较，看电视实在是小事一桩，就算有人天天离不得，其实仍然是相对次要的部分。任何人总要先工作、学习，干完正事之后才是看电视，哪怕退休在家，也要先忙完饮食起居、医疗保健之后，才能坐下来欣赏节目。但这件普通小事同样有着深刻的道理，德国的工人哲学家狄慈根是个鞋匠，他有句名言说，"任何聪明人都不能学完制鞋里的一切道理"，现在把他的话套过来，也可以说"任何聪明人都不能学完看电视里的一切道理"。所谓道理还不包括电视的技术方面，例如数字技术、液晶显示之类，那是专业人士的事情。读者们现在可以自己判断，看电视背后是不是真有哲学道理，或者反过来说哲学是不是无处不在？有些朋友可能完全不熟悉"三段论"，连黑格尔的名字都很陌生，假如读完本节能留下点印象，对"正、反、合"获得初步了解，那在下就相当满足了。一般朋友对"否定之否定"大多都听说过，至少知道有个正确解决人民内部矛盾的公式叫"团结—批评—团结"，即从团结的愿望出发，经过批评和自我批评在新的思想基础上达到新的团结。它在中国流传很广，其实就是一个运用"三段论"的典型。不过一般哲学教科书上恐怕很难找出在下这样一个掰了又掰的具体例子，所以它或许会有助于加深对"否定之否定"规律的理解。至于专家学者，肯定看得出哪里只是蜻蜓点水、不痛不痒，还可以进一步发挥。不过在下也奉劝诸位千万别小看这个例子，因为它揭示了"正"（真）和"反"（假）的概念差别背后有着实物和影像的"物理差别",这相当于给"三段论"的逻辑结构以"实证"的支持,它多半会出乎质疑"否定之否定"规律的先生们的预料,对此黑格尔本人也未曾讲得明白。所以诸位在佩服黑格尔的同时,要有点"他不过如此"的感觉。先弄懂黑格尔,然后看出他的思想边界,最后突破他,这便是用"三段论"的精神来学习"三段论"。

# 二 衣食住行的"三段论"

上节通过看电视解释了"三段论"的基本结构，下面自然应该扩大战果，研究更多的五花八门的"三段论"，证明黑格尔的这套学问确实应用广泛，例子比比皆是。尤其想让人知道，但凡采取这个视角，一准触及要害，绝非单纯的概念游戏。也不必去找复杂的专门问题，太专门了，谁都不懂，容易故弄玄虚。就从最简单、人尽皆知的俗务，如衣食住行说起，省得在下当众"忽悠"。诸位可能怀疑：难道衣食住行也归"三段论"管？不错，看电视都能管，这为什么不能管？

先说"衣"。常言道"穿衣戴帽，各有所好"，放眼望去，只见男男女女、老老少少各种各样衣服的纷然杂陈，哪有什么规律性可言呢？所以，必须把这件事同社会的经济发展联系起来。这没什么蹊跷，因为穿衣服属于"消费"行为，是经济生活的重要组成部分，不能不牵涉社会的经济发展。

在经济水平低下的时候，大家穷得叮当响，穿衣服只能"凑合"着来。俗话说"新三年，旧三年，缝缝补补又三年"，老大穿过给老二，实在不能再穿还可以拿去"打袼褙"纳鞋底，总之是凑凑合合过日子。接下来经济有所发展，条件有所改善，衣着水平也就跟着提高，人们穿衣服慢慢开始"讲究"起来，布料呀、式样呀，都不再马虎。这个变化代表着在"衣"的问题上实现了从第一阶段（凑合）到第二阶段（讲究）的过渡。"凑合"和"讲究"的意思正好相反："凑合"代表不讲究，"讲究"就是不凑合，显然一个是"正"，另一个就是"反"，两者的转变则是从第一阶段的"正"过渡到第二阶段的"反"。这个过渡无疑是个进步，不然，总是凑合，日子就太艰难了。

　　然而，是不是随着经济的提升，穿衣服就只是越来越讲究，"直线发展"下去了呢？人类社会还真有过这样的情形。读者想必都见过17、18世纪欧洲的油画，其中有不少人物肖像，主要是王公大臣、社会名流、贵妇小姐。要不然看看莎士比亚的戏剧也行，那里面的服饰同样非常具有代表性。一位公爵或伯爵，浑身上下一大堆"零碎"，单单一件外套上带襻儿的纽扣就不下二十来个，排成一大排，领子上翻，袖口镶边，讲究得很。还有这个绶带、那个勋章，以及许多说不出名字的标记、符号，全不是随随便便安上去的。女士就更不消说了，撑边的长裙，里面需要束胸或束腰，这里一朵花，那里一条丝带，真是细致得不得了，同时也繁琐得不得了。谁见了都会忍不住想，每天这么装束停当得花多少时间？小说中记载，想要穿成这样单靠本人还不行，必须仆人、保姆一齐帮忙。尤其让人怀疑的是，这样全副武装、整天端着架子，虽说雍容华贵，感觉会舒服吗？身体多难受哇！中国的服饰当然与欧洲不同，皇帝的龙袍、皇后的凤冠霞帔，都不是等闲之物。但夏天没有空调，纵然太监、宫女不住打扇，风照样是热的嘛，该会沤出多少痱子？再看看《红楼梦》，富贵人家的服饰确实非同凡响，宝二爷的那件雀金裘，晴雯只补了一个小窟窿，就费了多少周章，足足熬了大半宿，累得几乎休克！

　　可现今社会也有达官贵人，也有富豪缙绅，却很少再看见这样的情形了。华盛顿的国家博物馆中展出了一排美国的"第一夫人"们出席正式国宴的晚礼服，虽也镶金绣银，制作精美，但相对而言却简约多了，至少裙子柔柔地拖在地面上，不用撑边、不用束胸，就省掉了不少麻烦。更重要的是，这些华贵的衣服其实基本不穿。不仅夫人，包括总统、主席，也无论部长、总裁，平常的衣着跟大家差不多，西服领带而已，尽管价位和档次或有差别，大致格局总是一样的。一般民众生活改善之后也都有若干好衣服，同样未必天天穿。少数行业有规定的制服，其余多是休闲服、T恤衫，男士们讨厌打领带，允许外套一披，胸前留下一片空白。女士的着装则不那么统一，讲求变化，但也同样从中世纪的繁琐中解放了出来，显得很随便。在职场中，她们更在意的多半不是如何华贵，而是得体，并且避免与人"撞衫"（衣着雷同）。

　　为什么？是现代人不如古代人有钱？笑话，现代许多普通人享受的东西古代王公大臣见还没见过呢！关键是现代人学得聪明了。"随便"这个词虽是随便说的，意思却不随便，它反映出"凑合"和"讲究"的对立统一，代表"三段论"中"合"的高级阶段。不难解释"随便"一词的内涵，它正是表示"当讲究时讲究，不当讲究时则不讲究（凑合）"。首先是分出时间、场合，比如有重要的聚会，见个有身份地位的人，逢年过节之类，自然需要武装武装，讲究一点。平时上班、购物，或休息在家，没必要使劲"捯饬"自己不可！不仅如此，"随便"有时还表示"看似不讲究，其实相当讲究"。这意味着现代人不是不"讲究"，只是"讲究"的意涵不一样了，不光拿衣服来象征自己的身份和地位，更不想无聊地"摆阔"：一身衣服，披金挂银，能值几个钱？而是要穿出文化品位、穿出个性特征。这种"讲究"比较深沉，不是随便一眼就能看穿的。所以，"凑合—讲究—随便"确实是穿衣服这个问题上最基本的"三段论"，代表了衣着水平"提高"或"发展"的路线图。注意"三段论"的内部结构都一样，第三阶段既然叫"合"就必须同时包含第一和第二阶段的内容，却又和它们有所区别。比如这里"随便"中包含的"凑合"就与第一阶段的"凑合"性质根本不同，不是穷得没有好衣服穿（无可选择），而是衣橱里放着各式各样的衣服，包括高档的，却因应时间场合，讲求舒适方便，有选择地挑着穿。对照看电视的情形，那里小孩子第一阶段的"真"不过是真假不分，幼稚得很，和这里"穷"代表经济的原始水平是相当的。那里"真"和"假"的概念差别来自影像和实物的物理差别，这里"凑合"和"讲究"的概念差别也依赖经济发展的实际差别：讲究必须要有物质基础！所以我们一开始就把消费同社会的经济发展联系在一起。

现在看出学习"三段论"的用处了吗？这么说吧，人群中总有些爱打扮的，净穿名牌，使劲显摆。且不说如此光顾体面会不会影响别的生活安排（毕竟多数人的收入有限），只说他们为了出众、抢眼，常常把自己搞得不伦不类，需要动动手脚的时候衣服脱不下来，蹑手蹑脚、碍手碍脚，被戏称为"衣服架子"，显然就是只片面知道讲究的好处，不知道不讲究的好处。思想始终停留在第二阶段上，不会往"随便"这个方向拐弯，弄得别别扭扭，反而有损体面。相信这种现象司空见惯，可是让哲学家去告诉当事人："你该学学黑格尔的'三段论'才知道如何穿衣服"，当事人是不是会感到莫名其妙，以为碰到了精神病？

穿衣服当然可以或应该"讲究"，但要懂得如何"讲究"则须弄清衣服的功能，把"讲究"和"凑合"这一正一反"合"到与当代科技发展以及各家各户经济收入相当的水平上。衣服有两个基本功能，一是蔽体保暖，二是装饰审美。前一个比较简单，至少要"穿"，只有各地夏天的"膀爷"不大讲规矩。若干年前，膀爷并未引起多少关注，但现在绅士、淑女逐渐增多，膀爷继续"光"下去就显得有些不识时务了。保暖也有许多讲究，细节是纺织工业等专业部门的事情，哲学家不能班门弄斧。但衣着还同时被用作社会地位或身份等级的象征，从部落首领头上的那几根特殊的羽毛，到官员头上的顶戴花翎，再到军服上的"杠"和"星"等，都是一脉相承的。这个功能有时挺重要，打仗时队伍打乱了，一看肩章领章，高阶军官就可以随机应变指挥低级军官和士兵，重新集结队伍。此外，服饰还有审美的功能，穿得漂亮，和肤色、身材如何搭配，确实可以表现多种文化的内涵，展示个性的特征。所以"衣"的问题绝不单纯，如何"讲究"也就有各种各样的标准。T形台上的时装表演，许多只有观赏性质，并不为了实用的目的，苗族的银饰也有类似性质。完全为了实用目的的则是各种工作服，各行各业并不整齐划一。平常的着装主要是舒适、美观、大方，其中的关键就是"凑合"与"讲究"的协调与配合。一点不"凑合"，每件衣服都找全世界最好的裁缝，用最好的面料，可能吗？但另一方面，一般衣料和一般裁缝就可以随便对付吗？这中间同样是拿捏分寸的问题，和演员表演既要真实又要夸张一个道理。由此也看出，"凑合—讲究—随便"的"三段论"并不固定时段，不是公元前一律"凑合"，公元后开始"讲究"，再过若干年才"随便"，而是每个时代都有各自"凑合"和"讲究"的内容和标准。事实上原始人也讲究美观，现代社会无论多么发达同样不得不凑合，只是随着经济发展和技术进步各自选择不同的使"凑合"和"讲究"相"合"的平衡点。现在有用纳米材料做衣服的了，衣服脏了不用洗，抖一抖就干净了。还可以做防弹衣，轻便又结实，近距离发射的子弹都打不穿。过去做防弹衣为了结实不得不在重量上多"凑合"一点，现在高科技提供了"讲究"轻便的条件，平衡点自然就改变了。

　　接下来说"食"。俗话说"民以食为天"，"食"的重要性不言而喻，不过读者有了上面两个例子作底子在下便可以少点啰唆。"食"和"衣"均属消费行为，都依赖经济发展，所以"三段论"都采取"凑合—讲究—随便"的形式，不过一个"凑合吃"，一个"凑合穿"；一个"讲究吃"，一个"讲究穿"。在"凑合吃"的第一阶段只能吃糠咽菜、粗茶淡饭，而在"讲究吃"的第二阶段则尽是鸡鸭鱼肉、山珍海味。那么第三阶段的"随便吃"怎么吃呢？它既包括第二阶段的"富贵菜"，也不排斥第一阶段的"粗粝食物"，所以是两者的"合"。标准是美味可口、营养卫生，讲求科学搭配，吃出健康，吃出美感，既有高蛋白、高热量，也有碳水化合物、多种维生素、微量元素等。总之身体需要什么就吃什么，保证营养均衡、不偏不废。这便证明，黑格尔的"三段论"其实和营养学完全一致。

　　有两个要点值得特别提出来说一说。一是从"三段论"或"否定之否定"可以直接引申出"物极必反"的道理。我们迄今讲过了三个"三段论"：看电视、穿衣和吃饭，它们无疑都必须由"正"到"反"再到"合"，连着拐两次弯。表面上拐弯好像比不拐弯麻烦，可是不拐弯才会有真正的大麻烦，这点拿"食"来举例可以说是再明白莫过了。一样好东西，让你不加节制地使劲吃、拼命吃，能不吃出毛病？这个浅显的道理谁都明白，所以不会拐弯儿等于是犯傻。事实上，平常人油腻吃多了便想清淡，连吃了几顿泡面后又想下馆子，这些都是挺自然的事情。所谓"自然"在这里代表着合乎规律，"顺其自然"则是顺应客观规律所引导的自然发展。"三段论"要求的拐弯儿正是客观规律的体现，不拐弯就会崩盘：物极必反！

　　另一点是始终刹不住的公款吃喝风。这类腐败行为与哲学何干？不然，哲学家自有哲学的眼光，他从这里看出了消费的"异化"。什么叫"异化"后面还会专门讲，它也是从"三段论"推论的结果。为什么从公款吃喝里会吃出"异化"来呢？就是说这种吃喝已经改变了"吃"的本来性质和目的。"食以果腹"，吃的目的本来是填饱肚皮，满足生理需求，而现在的"请吃"或"吃请"则是为了拉关系办事情，属于贿赂手段。大吃大喝、胡吃海喝都不利身体，而且"反叛"或者损害身体，既吃坏了政风，也吃坏了胃，何其可悲！这件事固然证明了干部素质低下，但据在下观察，它却颇有几分"中国特色"。世界上比中国穷的地方有的是，论贪污中国在亚洲也称不上冠军，惟独这几杯酒、一顿饭就能把原则、政策全部攻破的廉价交易，外国比较少见。不知能否就教方家，这和中国传统文化有没有什么关系？

　　第三项该说"住"了。"住"是从有巢氏开始的，人类最早的房屋恐怕和现在的窝棚差不多，或者只是现成

的洞穴。接下来便有砖木结构、钢筋水泥，直到现在各
种新型的轻质建筑材料、宏伟的玻璃钢窗结构等。室内
装修也同时变得越来越豪华，冷暖空调、电视沙发，还
有其他种种设施。顶级富豪比尔·盖茨的那栋豪宅，不
少部分全是用电脑控制的，要什么有什么。不过比尔·
盖茨建这栋豪宅不光是为了享受，更重要的是为了示范。
他是干电脑的，装修点高科技出来本身就有极高的广告
价值，单凭这一点，你就不能不佩服他的商业头脑。可
以说房屋建筑的每一步发展分析起来都有说不完的故事，
从中可以找出不少"正"和"反"的对子，编排一个又
一个的"三段论"小故事，但在下并不打算描述建筑史
上的这些细节，它会显得繁琐，而只把眼界放开，关心
人在"住"这方面整体发展的大方向。

很显然，人一住进房屋，就把自己同外界隔离开来
了。这很正常、而且必要，不然，例如在原始社会，人
多半在靠近森林或有水草的地方生活，外面一会儿烈日
炎炎、一会儿又狂风暴雨，还有狼虫虎豹、毒蛇猛兽，
不把自己同外界隔离起来，晚上还能睡得安稳吗？尤其
生产发展后，除了农耕狩猎之外，许多事情转到室内进
行，更需要有安静、舒适的地方工作、生活和学习。这
么不断隔离的结果，地球上便逐渐出现了大大小小、各
种风格的都市建筑群，它是现代社会物质文明的象征，
也是人类社会的精华之所在。可是，这种隔离的结果，
固然使人远离了狂风暴雨、毒蛇猛兽，不再受大自然的
无端侵袭，却也同时远离了青山绿水、鸟语花香，困守

在"水泥森林"之中了，对不对？在都市里住久了的人们，无疑享受了许多方便，却都同时会感觉一种憋闷和压抑的气氛。人们多年前就提出了一个名词叫"都市病"，代表由此而引发的许多生理的不适，更甭说由于人口过度集中而产生的种种社会弊病（如犯罪）。

这再次证明了刚才讲过的"物极必反"的道理，什么事做过了头准会出毛病。人本来属于自然界，自从住进越来越高级的房屋之后和自然界的距离就拉得越来越大，由"近"到"远"，也是从"正"到"反"的变化，也归"三段论"管辖。两者要"合"便只能退回去一点，成为"不近不远"。这里"近"和"远"只是可能的概念表达之一，当然允许采取另外的表达，例如说人类先前在野外生活是"暴露"在自然界中，住进洞穴或房屋之后即把自己"隐蔽"起来了，"暴露"和"隐蔽"同样是"正"和"反"的意思。过度隐蔽使自己同自然界完全隔绝，因此需要适度开放，或在一定程度上重新"暴露"于自然界中，不过此时的暴露已不同于先前的暴露，因为人已经有了相当的保护措施。

有一个口号叫"回归自然"，便是说的人和自然的关系，它是因为居住的改善使人和自然界过度隔绝，希望拉近两者的距离。可是怎么回归却大有讲究。欧洲有些男男女女不穿衣服，集体跑进森林里。像这种回归就是纯粹的"倒退"，与"三段论"完全背道而驰。"三段论"的二次"否定"只是"部分"回归，如此才能保证回归后处在比第一阶段更高的水平上，事情才会有"发展"。赤裸裸跑回森林分明是朝动物回归，所以这种办法只能"闹着玩"，追求刺激、折腾几天可以，真折腾下去，森林里哪有那么多浆果和蘑菇？再说，就算浆果、蘑菇取之不尽也忘不掉牛排和烧鸡，早晚憋不住还不是得赶回城里？

真正的回归是保留城市的一切舒适，却又设法把自然界的精美安置在离住处不远的地方，把它"复制"出来。怎么复制？看看城市的公园就一目了然了。公园里的人工美景，树木、花草、绿地、假山、小桥流水、曲径通幽，经过人为加工，虽然未必有天然的壮阔，却远比天然的精美，而且还可能赋予各种人文内涵。拿这个眼光去观察，连自家阳台上的几盆花草或盆景也都可以看作是超小型的自然界。现在盖房子，绝不能只想结构面积、室内装修，光拓展"水泥森林"，一点不考虑居住环境。哪家房地产公司也要在道路绿地、庭院布置、种树养花之类上花些功夫。花园别墅不消说了，就说经济房、大片的公寓，也不能不因地制宜，搞点小区建设吧？这个情况证明了，对于不同的具体问题，"三段论"的基本结构虽然都一样，但具体表现，即"正"和"反"的内容，尤其"合"的方式却各有特色。在"住"的问题上"三段论"主要不在房子里头，而在房子外头，在于人和自然的关系。说到这里，读者自然会联想到更重要的生产发展造成的环境污染，人类不能只向自然界单方面"索取"，不对自然界实行"回报"，那样只会招来自然界的"惩罚"。这个问题也影响到居住，我们现在已经有了既节能又环保的高科技房屋的样板，采光、供热、通风都用新法子。读者能否从这里自己悟出一点和"正"、"反"、"合"有关系的道理呢？

最后一个问题是"行"，我们来看看它的"三段论"有什么特点。"行"就是走路，交通问题。人一开始是自己走、步行，后来便出现了"代步"帮人走路，即车、船等交通工具。圆形轮子的发现十分关键，它把平动化为转动，是所有"车"的前提。即使不用车轮行驶，如船舶、飞机之类，至少需要动力，也离不开转动，蒸汽机、内燃机、电动机，它们的动力和传动部分的轨迹最终都归结为直线和圆。

假如观察车、船、飞机等各种交通工具，一方面固然是速度越来越快、乘坐越来越舒适，而且还带来其他的重要变化，首先是由人力、畜力转变为机器的动力，其次是由个人交通、自己到什么地方去转变为公共交通、大家一起到什么地方去。还有其他的变化，如飞机把人从地面带到空中，二维变三维。从这些变化我们可以立即找出"正"和"反"的对子，比如人力和机器力，一个是"人动"，一个是"机动"（人不动），一正一反。机动当然有机动的道理，因为长途跋涉，人的体能有限，一天能走几里？汽车、火车、飞机，自然强多了。可是光靠机器，人一点都不动，上厕所都坐车，岂不荒唐？而且有碍健康。美国的汽车人均占有量最高，到哪里都开车，自己几乎不用走路，就给健康带来了很大的问题，至少是肥胖的重要原因之一。难怪改革开放之初，有的老美来中国看见满街的自行车后感慨地大呼:"very heal-thy"(真健康)!不仅如此,步行对环境的污染极小,用机器就免不了排放废气、污染环境。尤其车一多,道路承受能力有限,一堵车,就很难说车比人快了。这些事实同样证明了"物极必反"的道理:车是好事,但太多了就未必是好事,反而成了坏事。还有个体和集体的问题,大飞机坐好几百人,万一掉下来可就是大悲剧,何况一个城市只有一两个机场,赶航班、换飞机之类也挺麻烦。这些事实充分证明在"行"的问题上,实现第三阶段的"合"还有许多文章可做,远远没有达到理想和完善的境地。

那什么才是理想和完善的境地呢?这就需要克服交通方面所有的"弊病":弊病就是先前的优点走向了它的反面,而克服弊病则是适当退回来寻找"合"的新方式。具体办法在下也不卖关子,就直说了罢。根据"三段论"的预测,它应当接近日本动画片里面"阿童木"的样子,想到哪里去,"唰"的一声就飞过去了。为什么是"阿童木"不是哪吒的"风火轮"呢?又为什么要"三段论"呢?且听在下慢慢解释。

首先,"阿童木"是个译名,出自英文"atom",就是"原子"的意思。原子象征着原子能,威力无穷,所以将来的交通一定要采取机器动力,而且是高效和清洁的能源,实现二氧化碳的零排放。这表示在"人动"和"机动"(人不动)这一正一反之间必须要保留机动,因为从人的筋肉中找能量肯定没戏,在这个基础上再去努力限制和避免机器动力造成的污染。其次，"阿童木"不是公共交通，公共交通是采用"代步"（交通工具）之后产生的副效应，从根本上说个人"单飞"更灵活方便，万一掉下来也不会一摔一大片，这和现代许多国家和地区为了节约和环保提倡坐公交车的主张似乎不大一致。不过，坐公交车肯定是权宜之计，将来开发了新能源，往理想的方向说，多耗费若干千瓦小时能量根本不在话下，并且不会带来多少污染。在这种情形下，有事就自个儿走，谁也甭等谁，肯定更方便。它代表在"一"和"多"这个一正一反的对立之间需要向"一"或个体回归。前不久看电视，已经有带动力的"飞行衣"在试飞了，样子更像蝙蝠或鸟类，和"阿童木"的动漫形象相去甚远，也不"唰唰"作响，在空中的样子挺安详，它们的"改进型"肯定就是将来的"阿童木"。交通拥塞怎么办？只能向空中发展，把二维拓展为三维才有更广阔的空间。所以，未来的交通一定主要在天上，哪怕市内交通拥堵也照样飞，换上"飞行衣"后，大家都成了雨后的蜻蜓，而地面则尽量留给老人散步、儿童游戏。别担心驾驶技术，绝对不会太复杂，一般人都能掌握。为了避免撞"机"，空间一定"分层"管理，近处走低空，远处走高空，拉开垂直高度，还有卫星定位系统随时显示当前位置，等等。

　　注意这里对未来交通的预测并非基于交通工具发展的技术走向，而是直接根据矛盾的对立面，一正一反如何互相制约，因而可能或应该形成怎样的统一方式，是

哲学的预测而非技术的预测。这就是"三段论"的用处
之一，使哲学家成为预言家，兼职的"未来学"者。这
种预言在"大方向"上具有高度的可靠性，不过缺少技
术细节，也难以准确估计时间，所以还需要同技术的预
测互相补充。学哲学的都知道，其中有一部分是所谓
"范畴"理论，便是各种一正一反的对子，必然和偶然
啦、特殊和普遍啦、可能和现实啦，等等，它们都有预
测功能。人们常说一句话："多行不义必自毙"，就是
"不义"会受到"正义"制约，"合"的结果一定是"自
毙"（应当解释为倒霉、受惩罚，不一定是要他的命）。
这个预测完全是"三段论"式的，很不具体，坏人坏事
何时何地以何种方式受到惩罚，说不出来。所以哲学有
用，但不万能，也就不够伟大。光会哲学，只是空头哲
学家，贬义的"理想主义者"。可是，难道我们就因此不
相信"多行不义必自毙"吗？这种预测常常被用于
"大"的理论课题，比如人们相信，未来社会必定是"公
有制"，因为原始社会是公有制，然后经过私有制的奴隶
社会、封建社会和资本主义社会，否定之否定的结果当
然是公有制，振振有词。可是这里有个问题，"私有"和
"公有"这一正一反究竟是怎么对立的？说不清楚就无法
弄清什么是"公有制"的具体表现形式，尤其是其中的
"有"总该有点具体标准罢？比如个人对财富的最低限度
的支配能力在"公有制"中如何体现？经济学家不久前
发明了"所有者虚位"一词，就是感觉到事情并不单纯，
可见哲学家也不好做，不是光背得几句"格言"就能摇

头晃脑的。

　　从讨论交通想到了阿童木，但中国也有孙悟空的筋斗云和哪吒的风火轮，假如和阿童木对比一下，就可看出两者间一个明显的差别。一个纯属幻想，非常浪漫，另一个则包含科学，背后有些学问。文学家也许更偏爱前者，然而实际上后者却更有启发意义。这是否算中外文化对待科学技术的态度不尽一致的反映？

# 三　人生哲学三题

讲到现在，大家对"三段论"该看出点门道了，原来基础不过是常说的"矛盾论"，不少人早已熟悉，故意采用这个旧名称是因为有人对黑格尔不甚"感冒"，在下是指自称拥护辩证法的一批苏联的哲学家们。对于本来就反对黑格尔，断言"辩证法就是诡辩论"的人，反而没什么好说的。为什么既赞成辩证法又不大认同"三段论"呢？难道"三段论"不是辩证法，而且是黑格尔的原汁原味？盖因黑格尔被认为是客观唯心主义者，胡说过什么"绝对精神"，所以必须对他进行改造。这肯定有道理，绝对精神是什么？首先物理学家就不明白，也从未在实验上探测到。不过要改造黑格尔也得讲点科学性是不是？当改则改，不当改则不能改。"三段论"之所以被改成矛盾法则其实是这些人看它不顺眼，说它是"僵化"的公式，到处都"正、反、合"，多么僵化！可是，假如它真代表某种法则却正该"僵化"才对，不然，这里"正、反、合"，那里就不是了，还叫什么法则？事实上，"三段论"的"正、反、合"各有各的存在理由，一正一反不消说了，没它们就没矛盾了，"合"也肯定少不了，它代表解决矛盾的方式，不能光有矛盾不解决吧？所以它们是三位一体，是一个有机的整体。在下之所以要强调"三段论"首先是冲着这点来的，同时也想指出造成"正、反、合"的概念差别背后实际的物理差别。

但问题还不仅止于此，更要命的是"正、反、合"中的"合"曾经犯忌。那便是在中国，"斗争哲学"曾经盛极一时，解决矛盾万万不可"合"，只能"分"，说白了便是矛盾双方必须"一个吃掉另一个"，否则就是折中、调和、修正主义！总而言之，罪过！理由呢？其实只有一个例子，就是资产阶级和无产阶级，代表一正一反，你死我活。想一想，谁敢说这两个对立的阶级可以"合"？那还要不要革命？要不要脑袋？有一位高级干部，资格挺老，就因用了"合"字解释矛盾法则，结果倒了大霉，下了大狱。现在年轻的朋友可能想不到，一分一合，学术上一字之差，竟是革命和反革命、阴阳两界的分水岭。不信去看看那时报刊上连篇累牍的文章，各地图书馆想必都还能查到。在下年轻时读黑格尔的书获知"三段论"后，对"合"有过早期的印象，但在当时的气氛下不敢吱声。资产阶级无产阶级是碰不得了，便想了个夫妻的例子，一公一母，总不会"一个吃掉另一个"吧？殊知也遭到严厉驳斥。说来真凑巧，一次随便翻看孩子的《少年科学画报》，居然发现螳螂在交配、也就是完成夫妻的手续之后，真有饿极了的雌性将雄性"吃掉"

的情形。呜呼，我还有什么话可说？进入"第三年纪"之后才蜻蜓点水地触及了经济学，获悉"资本"和"劳动"均属生产的要素，要生产离开谁都不行。按照这个思路，两者各自的活化载体（人）似乎该是"同事"才对，哪里是一正一反，你死我活的"死对头"？这个问题至今仍是一笔糊涂账，许多人还在想当然、习惯性地默认"一个吃掉另一个"。所以我才不厌其烦地拿电视、衣食住行等尽人皆知的事情举例，让大家看看，按照事物的本来面目，"合"究竟该是什么意思。

休闲哲学本该远离各种大是大非，但这段历史确实糟蹋了哲学的名声，既然讨论"三段论"，便不得不顺便说几句。现在依然回到先前的主线索上来，着眼于与个人切身利益相关的小问题。衣食住行之外，本节想来谈谈"人生"。这原是文人雅士的题目，他们喜欢"发掘自我"，讨论如何实现"自我的价值"，可在下既没有那么高雅，却又不甘心它成为别人的专利，只能选择三个"俗不可耐"的问题：挣钱糊口、生儿育女和如何学得老成，借着休闲哲学的名义来凑凑热闹，对于普通人，它们可是实实在在的人生。当然，在下关心的只是贯穿在这些俗务中的"三段论"，不知能否沾点黑格尔的光，使人从以"自我"为核心的小圈子里把境界稍微放大一点，同时把辩证法的理论基础进一步"夯实"。

先说"挣钱"，也就是谋生。现在世界上知道钱有用的人比比皆是，除了傻子和婴儿，几乎人人明白。但是知道知识有用的人就少多了，尤其知道哲学知识也有用处的人更少，差不多可算"人尖子"。这里在下说"知道"不是口头上承认，而是要有实际的经验和体会。假如在大街上逮着一个问一个："你说哲学有用吗"？相信还是有不少人给予肯定的回答，但要进一步追问："为什么有用"？"你自己用过吗"？恐怕就不太乐观了。现在把这两个问题合并起来，问哲学和挣钱有没有关系，甚至有没有帮助，相信会使人觉得有点意思。注意这里所谓"有关系"要的是"直接的"，不是那种泛泛的"哲学帮人学聪明，因而有助于挣钱"的间接关系。不过在下也绝不敢误导大家说，只要一学哲学，收入立马翻番，那样大学哲学系该被踢破门槛了，而世界首富也不是搞电脑的比尔·盖茨，而是哲学教授×××了。

　　哲学和挣钱的关系在于"挣钱"也有一个"三段论"。第一阶段是需要有挣钱的"动机"，包括以什么方式去挣钱的打算。这和文艺创作中"创作意图"意思很相近，都是属于个人"内在的"东西。接下来第二阶段便是将"动机"化作"行为"，把"内在的"意图转变成"外在的"表现。比如，你学的是护理，想当护士，那就去找一家医院或诊所，请它雇用你，然后在那里好好干。当然，你可能手里已经有了一些钱，想炒股，进行资本运作。这有两种选择：找投资公司帮忙，按规矩付佣金，或者亲自操盘，赚了全归自己。这里"动机"和"行为"代表了"三段论"的前两个阶段，它们的意涵为什么是一正一反呢？原因不光在动机是"内在的"，行为是"外在的"，也在"动机"是替自己盘算，胳膊肘往"里"拐，而"行为"则是对社会的付出，胳膊肘朝"外"边，一里一外，等于否定了自己。两者怎么"合"呢？很简单，就是你干了活，医院或诊所发给你工资。发工资怎么叫"合"呢？因为工资既实现了你第一阶段想挣钱的愿望，同时发多发少则依赖于你第二阶段干得如何，付出的多寡，体现着你劳动的价值。给你发钱或你领工资，站在个人立场，胳膊肘也是向"里"拐的，所以带有回归性质，或第二次否定。但这个阶段拿到的钱是实实在在的钱，不是第一阶段心里想的钱，因此拿到钱事情便有了"发展"，两次拐弯儿的结果"不是"回到原点，手里不再空空如也（或原来的基数），而是赚到了一笔，目标得以实现。炒股或投资也一样，赚的钱是从社会方面回流得来的，红利是因为你付出了资本，而且运作方向对头，给接受你投资的企业单位作出了贡献。但要是赔了本又怎么说呢？完全一样解释，无论赔或赚都是社会（资本市场）对你的运作的回报，是从"外"向"里"的方向，与通过"运作劳动"（干活）拿工资的情形一模一样。

这样解释赚钱的"三段论"有些油嘴滑舌，不大像是讲哲学。但在下劝大家想想，看看还能否有更深刻的道理。赚钱这件事，属于财富的创造和分配，只能在个人和社会（市场）的关系中进行，而这两者的关系只能是胳膊向"里"和向"外"拐的问题，所以刚才的讲法一点都不奇怪，严肃得很。还有，劳动和资本都是生产的要素，经济学上叫"资源"，但创造价值必须运作正确，资本和劳动都一样。炒股有风险，后果自己承担，但劳动就没有风险吗？公司面向市场，产品不对路，没有竞争力，或者运营不好，照样可能赔钱，只不过通常作为雇员，这份风险受到公司的"屏蔽"罢了（销售不好时，公司只能先降低利润指标，不能立即削减雇员工资），实在屏蔽不了的时候，发不出工资，大家照样白干。

这个"三段论"当然不能直接使人的收入翻番，只不过教人明白个人和社会（市场）、付出和回报的关系，尤其要理解"运作"是基础，没有正确的运作，就没有收益，分配只能是空谈。运作通常是集体行为，即使个人炒股，信息也得靠他人（例如交易所的大牌和网上发布的涨跌信息），这便衍生出一系列有用的概念，包括协调配合、团队精神、人际关系，等等。运作在市场中进行，它的效果不光取决于主观的努力，而且受随机性调节。因为社会是个大系统，涉及的人事太多太复杂，不可能把一切因素都考虑得详尽无遗，总有些不确定的因素，就给随机性开了后门。费力不讨好的情形是经常遇到的，这点在后面讨论随机哲学的时候还会详谈。有一点可能有助于人们进行心理调适，就是第三阶段实际拿到的钱必须和第二阶段的付出挂钩，不能多付出少拿钱，也不能少付出多拿钱，更不能不付出光拿钱。"三段论"讲"合"就是第二阶段和第三阶段需要互相"匹配"，这导致通常所谓"公平分配"概念。但在下要正告诸位，"公平"这个词很好听，大家都喜欢，可在分配活动中却没有严格的客观标准。说"公平"竞争可以，"公平"分配却不然。在下写了两本书《物理社会学》和《社会系统》，由中国社会科学出版社出版，自己替自己做广告，里面有比较详细的解释。说"公平分配"不存在，莫非主张乱拿乱抢？那倒也不是，因为还有另外一个词叫"合理"，它的标准是通过对资源的适当回报，吸引资源的再投入，从而有利于维持并扩大再生产。实际上，"公平"这个词出自人们的心理攀比，是对"不公平"现象的逆向思维，并不与任何客观现实相对应，而且容易把人带往绝对平均主义的方向。这么说吧，人们都有石头的概念，那是因为存在现实的石头。甚至抽象的概念，例如勇敢，也是因为存在各种勇敢的行为。可是"公平"在哪里？它的严格标准是什么？说不出来。同工同酬就"公平"吗？难说，因为劳动力永远存在个体差异，两人同样搬一块石头，体力强和体力弱的"付出"并不相等。

为什么找不到"公平"的严格标准呢？首先就因为它和随机性不兼容，接受随机性，就无法谈论"公平"。打仗的时候，两人一道往前冲，子弹不长眼，一个被打死了，另一个却在战斗结束后晋升，被打死的恰恰是因为跑得更快更勇敢，这种情形怎么谈"公平"？在市场中，各种复杂因素造成了各行各业机会的不平等，有的轻松就拣个大便宜，有的却长期费力不讨好。这种情形司空见惯，不仅不可能、而且"没必要"随时随地"劫富济贫"讨"公平"，只是必须防止走向极端，造成贫富过度悬殊，产生大面积的不良后果。人们都爱说"生而平等"，但有人生在大富之家，有人生在贫苦之家，有人生而健康，有人生而孱弱，普遍存在的只是个体差异，哪里有什么平等或"公平"呢？所以，"公平分配"其实是一种"迷思"（myth），似是而非。个人进行"心理调适"，说穿了也就是要正确看待随机性，对许多事情要"想得开"。

　　下面讲人生哲学的第二题，生儿育女，性的问题。这和"三段论"有什么关系？有！前几年流行弗洛伊德，有人重新翻出了他的"泛性论"，把婴幼儿都拉扯进来，鲁迅当年就很不赞成。的确，襁褓中的孩子噘着嘴左右张望，当然是找奶吃，怎么会是想同异性接吻？那样等于否认了人的发育，青少年是逐渐走向性成熟的。所以从婴幼儿到成人之间必须有一个从"冷淡"到"热烈"的重要转变，小孩子发育不周全，谈不上性欲，因此表现"漠然"、"冷淡"。但一旦发育成熟，产生冲动，就很容易滋生好奇，甚至放纵、狂热。可是接下来恋爱、结婚，有了正常的夫妻生活之后，慢慢又会冷下来，不过此时的"冷"不同于未经发育的小孩子的"冷淡"，而是"冷静"，能够掌握节奏和分寸，懂得适可而止的"度"。

　　这个"冷淡—热烈—冷静"的"三段论"相信大家都懂，但第三阶段的"度"却属于个人自由或私密，该由个人自己掌握才对。可是总有人想方设法去干扰他人，借此获取商业和其他利益。在下指的主要不是赤裸裸的，不登大雅之堂的色情媒介，毕竟人们可以选择接受或不接受它，并区分时间、场合私下消费。最讨厌又最缺乏自律的反而是公众媒体，常常在严肃的论题中随意添加佐料，在受众不经意的情况下公开进行挑逗、刺激和暗示。即使不够露骨，不突破"尺度"，却充分调动人的想象力，大量兜售，随便什么论题都往男女关系上扯，举止轻佻、趣味低级。如此强行招徕人们注意的后果是模糊了论题的焦点，使人格调低下，看什么都色迷迷的，招致国民性的整体堕落，其危害比少数人的性犯罪更为可恶！

在下说过每个特殊的"三段论"背后都有自己的特殊规律，一定源自特殊的矛盾，所以，识趣的哲学家不能以普遍者自居，光会拿"正、反、合"的公式到处去"套"，那肯定招人讨厌。相反，哲学家必须认识一般"寓于"特殊，当面对实际时，他只消看看相关的特殊规律将事物的发展引向何方，然后同哲学的预期比较、核对一下即可。这样做的目的是因为特殊规律未必完善、可能有错误和缺陷，比较、核对可以帮助把把关，要说哲学的指导作用，顶多就是如此。在性问题中，小孩子之所以"冷"那是因为器官和内分泌都还不行，一旦发育成熟自然会"热"起来，这是生理学的规律，是它造成了"冷"和"热"的一正一反。可是为什么又会逐渐"冷"下去变得"冷静"（注意不是指年老体衰的情形）呢？那是因为男女双方经过一段时间亲密接触之后，体内会产生特殊的"抗体"。最近的研究发现这些抗体大约一年多的时间便会在男性体内出现，成分包括乙胺、苯丙胺、催产素等好几种化学物质。这些抗体会使男性对与之交往的异性的情欲降低，女性方面暂时没有见到相关报导，但原则上也该差不多，老夫老妻所以不像新婚夫妇的原因盖出于此。所以，不要黑格尔，单靠生理科学本身也能得到"冷淡—热烈—冷静"的"三段论"。如此说来哲学就毫无用处罗？倒也不尽然，劝劝年轻人，不要热得过头，或者提醒思想保守或有障碍的人士，不要冷若冰霜，还是有用的。人体是自然界合乎规律地生长发育形成的，各种器官不能形同虚设，只有各方面的功能正常发挥，才能产生内部的"和谐"，也才最有益于身心的健康。

　　"抗体"的概念似乎给某些人"喜新厌旧"找到了科学的依据，不过这只是就生理层面说的，人不同于动物，还有心理乃至社会层面的因素。把各种因素综合起来，男女之间则有可能降低或克服"抗体"的消极作用，大大延长彼此的亲密关系。比如说，小孩啦、财产啦、平常的关心体贴啦，各种各样的纽带，都会使人"舍不得"离婚。这就说明，性关系并不单纯，更不孤立，我们不仅需要科学地论证"冷淡—热烈—冷静"的"三段论"，而且还要懂得"爱"和"性"的联系与区别。生理层面的东西可以向心理层面过渡，并（通过婚姻、家庭）影响人们的社会、首先是经济行为。

　　从社会的层面来讨论男女关系，那就是婚姻和家庭。人类最早实行群婚制，弊病不用讲了，后来随着经济发展，有了财富的积累，也就有了财富的传承问题。于是出现了以一夫一妻为主要形式的家庭，欧洲比较严格的一夫一妻制大约是 12 世纪之后的事情。中国的情形大同小异，但有某些特殊性，主要是受封建礼教束缚，除实行男尊女卑，"三纲五常"之外，还有"三从四德"，乃至"父母之命、媒妁之言"，把原始的桑间濮上的淳朴自然的民风一扫而光，一直弄到"七岁不同席"、"授受不亲"的地步，婚后还要求女方"从一而终"、"饿死事小、失节事大"，比世界多数地方更为严苛。不过整体而言，从群婚到家庭、哪怕一夫多妻，应当属于由"松"到"紧"的变化，只是这种变化从 20 世纪中叶或更早又受到逐渐兴起的"性革命"的冲击，重新启动了朝"宽松"方向的回归，形成了"松—紧—松"的"三段论"。

但这种回归绝非倒退到群婚制，造成完全的无序。在下翻阅过两本专门研究此问题的严肃科学著作，知道"性革命"的宗旨主要有两条：试婚和离婚的相对自由，但肯定反对婚外情，更不消说什么"一夜情"了。不能把实际存在的少数人的出格行为都叫"革命"，就像杀人放火始终存在，却不能找理由把它们说成正当的一样（哪怕值得同情的弱者的报复杀人）。"革命"的目的主要是提高婚姻生活的质量，讲求健康与和谐，并消除家庭结构与社会经济发展之间的不协调。像离婚的相对自由，有时甚至是社会经济发展所要求的。美国有个著名的女电视主持人，已年过六旬，和老公感情也不错，但因想到异地发展（工作需要），而老公自己有事，无法迁就，于是协议离婚，不仅好合好散，甚至依依不舍。照常规思维，那么大年纪了，就为这个离婚？何苦呢？但他（她）们就是想得开。托夫勒早在写《第三次浪潮》中也已注意到这个问题，家庭固然是社会的基本单元，但有时也会成为个人行为的羁绊，不然钱锺书哪来的"围城"一说呢？"松"到什么程度，"紧"到什么程度，其实都和社会经济发展有关。中国过去穷，女方通常不工作，不管"紧"点，男的不负责任，不养活家小，该造成多少社会问题？现在情况当然不同了。试婚或同居现象也一样，它甚至取决于科学的进步，没有相对可靠的避孕方法，这样做就有困难。所以，还是上面的那句话，具体事情先受特殊规律的支配。中国其实也在静静地发生变化，从 20 世纪 80 年代末以来不断上升的离婚率就足以说明问题。不过在这件事情上与"丑陋的中国人"光说不做的一贯作风恰恰相反，几乎都是"光做不说"。什么原因，诸位知道吗？

　　人生哲学的最后一题是该怎样走向"成熟"，这应当是许多人感兴趣的题目，像歌词里唱的那样，连低年级小学生都希望有张"成熟与长大的脸"嘛。相信讨论这个问题，许多人都会想到孔老夫子说他 15 岁就"志于学"，然后则是"而立"、"不惑"、"知天命"、"从心所欲不逾矩"。老实说，在下只信他的第一条，即"志于学"，毕竟他开过学堂，而其他都不咋的，或者根本不可信。什么叫"而立"？是不是选择了职业生涯，能在社会上立足，自己养活自己？这有什么稀奇！30 岁了，难道还当"啃老族"？现代人 20 来岁大学毕业，挣工资，普通得很。"不惑"明显言过其实，中年人，就算简单事情难不倒，复杂事情也没有半点游移、犹豫、左右摇摆？邓小平一生经历何其丰富，老了还说要"摸着石头过河"呢！"知天命"就更不知所云。诸位有知道"天命"的吗？"天"怎么"命"人？或者"天"怎么安排人的"命运"，赋予人什么"使命"，肯定只有"天知道"嘛。至于"从心所欲不逾矩"则完全是吹牛皮，心想怎么来就怎么来都不会犯错误，怎么可能？尽量往好处想，这几句话顶多也就含含糊糊表达了人从少年到中年再到老年思想越来越成熟的意思，但这也几乎是废话，人从小到老还能越来越幼稚不成？

　　我们需要有一个衡量"成熟"程度的尺子或标准，这个标准当然不能只看脸上的皱纹，而应当参照"挣钱"的"三段论"，到个人和社会的关系中寻找。这一找便找出来，标准应该是看个人如何给社会"做事"，或者"奉献"于社会。小孩子不懂事，更不会做事，不仅不能奉献于社会，而且需要社会（通过父母）的照顾。大一点了，开始上学，学了一些知识，渐渐进入"懂事"的年龄，但这时的"懂"只是略知皮毛，说得头头是道，实际动手却不是那么回事。尽管满腔热情，什么都想做，却往往把问题看得过于简单，考虑不周全，做起来毛手毛脚，因此常常碰壁，碰壁之后又半途而废。经过几次失败甚至变得灰心丧气、畏缩不前。相反，有经验或成熟的中老年人则不同，他们不盲动，不是什么都想做，而是看准了再做，做之前比较透彻了解做事所需的条件，一旦条件成熟，便下决心，坚持做到底，遇到困难或挫折，尽量想办法克服，绝不轻言放弃，表现出"韧性"的战斗力。

如果采取这样的描述，那么人这一辈子的"三段论"结构便十分明显了。和青年人什么都想做相比，中老年人是有选择地做事，"有所不为而有所为"。在"有所不为"的意义上他们和小孩子相似，但绝非像小孩子那样根本不知道如何做所以不做，只是不乱做一气而已。不做的原因是知道那样做会注定失败，费力不讨好，不做反而可以避免损失，意义完全是积极的。至于看准了要做的事，那是经过深思熟虑，并且采取最佳方案，力求事半功倍，和年轻人缺乏经验、莽莽撞撞的做法也有重要区别，所谓"姜是老的辣"就是这个意思。可以给这三个阶段各起一个名字，但采用正面表述，听着舒服。这便是从"天真烂漫"到"聪明能干"再到"老谋深算"。而在这些表述的背后隐含的意思则是：由不会做事也不做事到单纯凭热情、带有盲动性地做事，因而做对了一些也做错了不少，再到经过深思熟虑、有选择地做事，从而较少做错事，一做就必定做成。这些话听着也像老生常谈，要想成熟就要多做事，结论却平淡无奇，但比起"知天命"这种叫人根本不知如何下手的"启示"来，至少还算实在吧。

中老年人当然也有不如青年人的地方，主要是对新鲜事物不敏感，它有两方面的原因。一是精力不济，二是被已有的知识和经验束缚。但后一条并非一定是缺点，因为认识要求"理解"（否则叫"不懂"），理解的本质则是将未知的东西同已知（已经理解）的东西联系起来。中老年人相对而言都有丰富的知识和经验，所以理解需要多兜点圈子。兜不出来时会对新鲜事物采取排拒态度，于是显得保守、迟钝。然而一旦真兜出来，达成的理解反而更深刻、更扎实。不能把已有的知识看作认识中的消极因素，将新旧知识对立起来。相反，知识有"自催化"的功能，"学然后知不足"，知识可以激发求知欲，更是理解力的前提。看看那些大学者，脑袋一晃便有知识掉出来，大都是靠这种"自催化"的非线性效应打造出来的！

　　"三段论"的普遍性证明它表达的其实只是一个"形式关系"，这是它之所以到处一套一个准的秘密。什么道理？诸位已经见到，所谓"正、反、合"在不同的具体问题中"内容"根本不同，只有三者间的"关系"或"结构"始终是相同的。怎么才能保留这"异中之同"呢？显然只有把具体内容全部抽象掉、单单考察外部形式才能得到普遍的"公式"。黑格尔做的就是这件事，逻辑上它属于"归纳"和"概括"，可以说哲学规律通通是归纳和概括出来的。实际例子见多了，这里如此、那里如此、似乎处处都如此，又想不出"反例"，当然会进行归纳和概括，否则只能说哲学是"先验"的。可惜黑格尔虽然实际是这么做的，却自己不懂自己，非说这些都是"绝对精神"的体现，把"后验"说成"先验"不可。注意在下只说"似乎处处都如此"，特别用了不完全肯定的"似乎",就因为没有哪个人真的能够亲身经验"处处","处处"是无限的,把迄今为止全人类的经验加起来也不够"处处",因为我们之后还有未来。不过也从没有遇到反例,所以才敢进行归纳和概括。但在严格的意义上,这样做仍有缺陷,所以归纳逻辑认为这样得到的结论只有"概率"的真实性和可靠性,换言之,"三段论"并不能把事情"说死"。

# 四 什么是"后现代"思维

当在下在键盘上敲出这个小标题的时候自己也禁不住哑然失笑：一个学物理出身的，居然斗胆冒充哲学家来玩这个连老牌、正宗的哲学家都未必敢玩的"扑朔迷离的游戏"。之前不过翻阅过几本讲后现代主义的专著，却必须坦白承认，真要一字一句地"抠"起来、较一较真，只能说基本看不懂。幸亏有"扑朔迷离的游戏"几个字，它不是在下说的，而是专门系统介绍后现代主义各种思想、观点的专家说的，既然专家都感到"扑朔迷离"，也就是不大抓得住要领，我怕什么？说错了不丢人！

问题是，干吗非要来玩儿这个"扑朔迷离的游戏"？看不懂就不看算了，绕开它，谁还能把你怎么的？可是"冥冥中"（潜意识中）在下却非常舍不得，甚至喜欢这个题目。并非因为它时髦，便于唬人（大家都"扑朔迷离"时容易浑水摸鱼），而是虽然看不懂，却能感知一二，发现它真的挺重要，不仅涉及的领域十分广泛，更重要的是，假如一个人希望学点聪明，碰到难处时想峰回路转一下，避免死脑筋，还非得在后现代主义的泥潭中打几个滚，跟它去淘换淘换不可。

另外还有一个稍微次要点的理由。这个主义被称为"流浪汉的哲学"，所谓"流浪汉"就是自由散漫，不讲规矩。后现代哲学家总是标榜要和先前的东西决裂，"反传统"啦、"反结构"啦、"反理性"啦，反这个反那个，以为自己的主张如何"破天荒"，如何"前无古人"，总之是与众不同，富有创见。可是仔细咂摸它的滋味，翻来覆去想，发现其实并不尽然，名词挺新，意思却未必，基本上均可从"先前的"哲学中引申出来。换句话说，它们都有观念上的"父母"，绝非从石头缝里蹦出来的。倒并不一定要"流浪汉"们都认祖归宗，只是不喜欢他们过于神气，有了一得之见，便想标新立异。

说过了上面的引子，下面就先找一个大体上"懂得"的问题入手，通过简单的例子来解释相关的哲学思想。什么例子呢？是一个美术的例子，就是画画，据说"后现代"这个词最早是从分析各种建筑风格时提出来的，什么希腊式、罗马式、哥特式，等等，形象十分鲜明，但究竟为什么叫"后现代"却说得不清不楚。而作为一种思维方式，它的典型似乎应该认为是从美学发端的才对，并且牵涉到如何认识绘画和摄影的区别。这个例子许多人都知道，在下则是从一位爱画的朋友、纯粹业余的"画者"（不够画家！）那里听来的。绘画当然先要画得"像"，画"虎"反类"犬"肯定是失败之作。但

"像"有像的标准，轮廓、结构、色调、韵味，都有像或不像的问题。假如画得"像"只代表一味追求细节的真实，一点一点去描，描得和实物分毫不差，是否就成为好画了呢？不然，那种画一定呆板、死气。在各种画派中，最讲求细节真实的是工笔，还有炭粉，但实际上和对象也有相当距离。尤其是，假如只消细节真实就好，那绘画便无论如何都比不过摄影，谁能画得比高清晰的照相机拍的更逼真？这当然使画家们感到沮丧，干脆别画了，既然高技术的手段有能力甚至更好地达到同样的目的，何必非要人工来多此一举？

这个道理画家们很早就悟出来了，但他们并不想放弃自己，事实上欣赏画作分明还有另外的标准。所谓"像"，不仅是形似，尤其要神似，要传神、形神兼备。这个"神"字才是图画的精髓和灵魂，它不仅在画面之上，而且在画面之内，在于作者灌注其中的思想感情，是作者想要表现或告诉观众的东西，或者如法国的塞尚所说，人们画的并不是实物本身，而是对实物的"感知"。从这个意义上讲，再好的照相机也做不到这点，因为相机无论如何不能感知。反过来说，假如发掘不出对象的神韵，找不到美的要素，那就应该搁笔，因为连自己都不知道要传递什么美的信息，和"没话找话说"的性质是一样的。在下在美国曾经见过一幅油画，只有一瓶普通的洗发液，其余啥也没有。假如是初学者练习静物写生，光线啦、投影啦、半透明液体的质感啦，摆弄摆弄倒也无所谓，但它偏偏陈列在一家正经的画室里，想要卖钱。在下顿时觉得这像是在学术研讨会上报告小学生的算术习题，一瓶真的洗发液高档的不过几块美金，它却索价八百！买瓶真的好不好？这是在下平生见到的一幅最乏味的油画，故而印象深刻。

　　这个例子和"后现代"何干？因为画家在悟出上面的道理之后便大胆涌现出许多风格各异的新画派，都是越画越不像的类型，它们便属于"后现代"。在下未曾仔细研读过美术史，但就算业余初段吧，至少见过一些欧洲在中世纪流传下来的人物肖像画，或者英国的水彩风景画，它们显然都是走"逼真"的路线。相反，比较近代的，例如毕加索，那就很不"像"实物。不瞒大家，在下的头脑土里巴叽，真的不大看得出那些价值连城的"名画"好在哪里。毕加索的那幅《亚威农的少女》（职业是娼妓），几个瘦削和变形的人体，据说部分反映了作者对梅毒的恐惧，就是"反再现"、"去形化"的先驱。在下当然知道，以毕加索绘画的功底，完全可以把人画得很像、很逼真，不同于未经训练的普通人，使劲儿画就是画不像。而毕老先生之所以画出那样的图形，几根线条随便勾勒一下就算"人"，完全是故意的。但这样做，确实会拉大作者和没啥素养的普通观众之间的距离，使人看得太费劲，和某些哲学家故弄玄虚、生造词语、存心让人看不懂是一路货色。要说神韵，中国画反而好懂点，人物、山水、花鸟，似乎总有一些套数，比如天高云淡、怪石峥嵘，抑或松间明月、林中飞瀑、寒江独钓、小桥流水，大体上均属于静谧之美。

但是本节的目的不是讲画，重点是要考察画家的脑筋是怎么转过弯儿来的。开始大家都追求逼真，尽量要画得像，但自从悟出上面的道理后许多人便不再走这条路线，至少不当它是惟一的路线了，而是勇敢地"倒过来"想：不像、不逼真又如何？简单的线条、轮廓、模糊的构图和错位搭配的颜色难道一定不能形成强烈的表现力，传递美的信息吗？好画的标准如果只是逼真，漫画、卡通受到广泛的欢迎又当如何解释？这个倒过来想一想的思维方法，现在叫"逆向"思维，是后现代主义一个最显著的特征，可以说各种后现代的画派（如抽象派）都经过这么倒过来想一想的步骤，假如没有因此获得种种理由进行了强有力的辩护，谁敢把一个看着很不逼真的另类画作同那些栩栩如生的肖像、人物、风景画并排放在一起？由此足见这种思维方式在创新活动中的重要性，在下正是因为有感于此才对后现代发生了兴趣。但即便如此，仍然免不了争议，有人认为它是"走歪路"，至少在下年轻时曾经听到过不少这类议论，认为它是西方腐朽、没落的标志之一。后来在国外住久了，见多了，特别是在居民家中看到墙上挂着不少这类装饰画后，感觉它们和西式建筑的格调倒也般配，假如换成别样，例如中国的山水，反而突兀。老外也有用中国字画来做室内装饰的，一般是讲究的人家，单独一个房间，配上屏风、茶几、瓷器和其他中国工艺美术品，显示自己的兴趣、教养和财富（得花不少钱）。因此，"走歪路"的概念逐渐被"风格各异"所取代，"后现代"也就不知不觉融入头脑，逐渐被它"腐蚀"了——虽然并不彻底。

把"逆向"思维作为"后现代"的主要特征会不会把问题"简单化"了？要知道这个"流浪汉的哲学"到处流浪，几乎遍及文明的各个领域，艺术不消说了，文学、历史、建筑、政治、经济，乃至科学，哪儿它都搅和，都能见到它标新立异、独树一帜，以不同声音说三道四的奇谈怪论。说它不对，它还振振有词；相信它，又实在不大放心，但凡涉猎过这个题目的人大都会有这样的感觉和疑虑。不过，在下的确在"后现代"领地里跑马看花地逛了一圈，但凡扫描的范围，这个逆向思维真的像一条红线贯串其中。各种奇谈怪论，虽然五花八门，却都明显经过逆向操作，是导致这个主义的各种观点、见解的实质步骤。所谓"后现代"，就是把人类文明看作是经过（以18世纪法国的卢梭、伏尔泰等人为代表的）启蒙运动和工业化发展建立起来的，它体现为越来越复杂、越来越完善的思想结构和社会秩序，但这些结构和秩序也同时带来了许多新问题（物极必反），要求人类"反思"。工业社会成功地建设了现代化，他们就要"后现代"，这无疑是典型的逆向操作，和绘画画得越来越逼真之后需要反思何去何从是一个道理。逆向思维本不限于特定的范围，所以反思可以无孔不入。就说读书吧，多年来人们已经习惯了文字表达的思想，甚至体会得到文字的优美，但现在却要求"读图"或"读影音"，从视像来吸取信息。读书的目的通常认为是了解作者的

思想、意涵，但他们却说作者"死了"，你读的是你自己
对内容的"见解"，书的意义是读者"自己创造的"，因
此并不确定。他们说得不对吗？不尽然，因为对书的内
容理解确实常有分歧，但作者就没有注入特定的意涵吗，
一般人都不会这么认为，所以后现代主义总不能叫人完
全放心。然而逆向思维是无可非议的，因此我们将避免
被人牵着鼻子走，撇开后现代的具体主张，只集中于思
想方法本身。

　　有了这点心得之后，在下也不再认为后现代主义是
从天上掉下来的了，因为逆向思维，或者倒过来、换个
角度去想乃是一般辩证思维的应有之义，辩证法本来就
主张事物包含内在矛盾，有"正"有"反"，并不单纯。
"倒过来"是一百八十度，关注的是矛盾的两个侧面，
"换个角度"则不一定一百八十度，表示有不同矛盾互相
纠缠。坊间有许多生动的表述，如劝人不要"一条道走
到黑"，别在"一棵树上吊死"，脑袋不能只有"一根
筋"等，其实意思都相近。这些为人熟知的口头禅，不
知流传了多少年，就逆向思维而言，它们都和"后现代"
相通，堪称中国特色的"后现代"。在下老家四川新都
（原为县，现为区），有一古寺，称"宝光禅寺"，为成都
附近旅游胜地。寺内众多楹联中有一副为清光绪十四年
何元普所书，特别引人注目，曰："世外人法无定法然后
知非法法也，天下事了犹未了何妨以不了了之。"一个
"法无定法"（做事方法不能僵死固定，要灵机巧变），
又一个"非法法也"（表面不是办法，其实正是好办

法），再加一个"不了了之"，充分显示出作者深厚的思想功底，简直就是后现代主义的大师：中国虽然没有"后现代"一说，但懂得这种思想方法的人才一点都不缺。

　　本节一开头在下曾提到要"收编"流浪汉的意思，而解析后现代主义的逻辑渊源就等于给它指认思想父母，这既有利于把握这种哲学的特征，也防止了轻率地使理论走向"多元"，同时还反映出在下对于后现代哲学的总态度：有一定道理，但又不是全部道理。20世纪初相对论和量子力学刚出现的时候不少人就认为"新"物理学将"取代"旧物理学，但后来很快就发现，旧物理学是不能被"取代"的，它不过是变成新物理学的"极限情形"，即当物体运动速度远低于光速和标志能量量子的普朗克常数小到可以忽略的宏观过程中，旧物理学的规律依然是实用的，这称为"对应原理"。类似的，一种新的思想或观念，例如后现代主义，绝不可能割断它和既有理论或文明的关系，哪怕你推翻或否定了前面的理论，你也是从它的废墟中诞生的，何况"后现代"和现代化之间根本不存在"否定"或"推翻"的关系。至少就涉及的论题而言，通通是互补的关系，需要和谐共生。谁能用"后现代"去否定现代化呢？有了毕加索就不要巴黎的卢浮宫和佛罗伦萨的大画廊啦？开玩笑！讨论"三段论"时在下讲过"物极必反"的道理，什么事情都不能走极端，绘画不能把逼真推向极端，同样也不能把反再现、去形化推向极端；文艺创作不能把"真"推向极端，将人物吃饭、睡觉、上厕所都一一记录在案，但同样不容许违背生活逻辑去胡编乱造；"读图"或"读影声"确有其直观、方便和灵活之处，但文字就可以全然抛弃？这些道理相信大家不难明白。

需要指出的是，逆向思维要害不在"想到相反的东西（或可能性）"，而在想出"另一种"把"正"和"反""合"在一起的方式，重点在"三段论"的第三阶段。需要逆向思考时通常已经有了一种解决矛盾的办法，或者"合"的方式，不过该方式正在走向尽头，往前是死胡同，必须设法从中钻出来，找出"另一种"解决矛盾的方式。"后现代"的画派出现之前，绘画业已成为艺术，有了相当成就，比起原始人没有画笔、画布或纸张，只能画点"岩画"之类，人们已经创造了油画、水墨等多种绘画形式，而且越画越像、栩栩如生。由于这种越画越像的路子差不多走到了尽头，难以再创新，特别是照相术的出现，不能不促使画家思考，于是才有了新画派的出现。但新画派绝非简单采取反再现、去形化的手法，而只是在不追求细节真实的条件下（但仍然必须保留最起码的真实性）注入所要表达的意涵，同样有技巧的问题，同样能区分高下。假如只是简单的"画不像"，那么毕加索和未经训练、根本不会作画的普通人便一个半斤一个八两，没有区别了，从"三段论"的角度来看，如此向"画不像"回归绝非真正的"否定之否定"，而只是一种"倒退"，"后现代"画派也注定会遭受失败。

出现后现代主义无疑有它特定的时代背景，但哲学关注的是思想方法，不受时间限制。从前面的民间口头禅可知，逆向思维其实是"古已有之"，所以绝不能胶柱鼓瑟，说中国尚未全面实现现代化，此刻提倡"后现代"有过于"超前"之嫌。不过在下学问有限，难以深究各个领域"后现代"的具体主张，它们不妨留给专家和特别感兴趣的人，普通人学点聪明大可不必去钻那些牛角尖。只是要了解，逆向思维的表现形式多种多样，生活中有很大的实用价值，甚至连冲动时要求"制怒"或"冷静"都可以看作是逆向的。另一个重要表现是在遇到困难挫折或事情发生转变的节骨眼儿上，它往往是打开僵局的金钥匙。上至国家社会，下至升斗小民全都如此。人生不如意常十之八九，谁能没个沟沟坎坎，危难时怎么变被动为主动，在"山重水复疑无路"时，怎样寻找"柳暗花明又一村"，不能不依靠这种思维方法的"救命"功能。

　　行动受思想控制，在一筹莫展、束手无策的情况下，不能一概"豁出去拼了"，必须"绞尽脑汁"想主意，需要变通、灵活，所谓"翻来覆去"就包含从多方面寻找出路的意思，既可以往前，也不排斥往后。有道方子叫"退后一步自然宽"，说的是环境生变使先前设定的目标无法达成，甚至有厄运临头的情形，正向思维是兵来将挡、水来土掩，竭尽全力去挽救颓势，甚至实行垂死挣扎，结果是情况越来越糟。这时便不妨考虑停止徒劳的拼搏，放弃原先的目标、接受厄运又当如何？这也是应对环境和现实的一个重要的逆向思维，它通过重新设定生活的基准线来使自己站稳脚跟，启动新环境和新条件下的奋斗，是一种以退为进的策略。像高考落榜、求职未果、痛失亲人，乃至军事上的战略失利等，都属于这种情形。当然，这个方子不是万应药膏可以到处乱贴，需要分析具体的环境条件。有时就不能丧失斗志、轻言失败，因为有利情形的获得和主动的恢复也可能产生于"再坚持一下的努力"之中，何去何从应由具体情况决定。

逆向思维的积极作用当然不仅限于"脱困"，它可以用于任何领域，帮人学得聪明，这便是避免各种盲目性。盲目是聪明的天敌，因为它阻断思考，不问为什么，只会人云亦云，以至将大谬不然信以为真。由于每个人一生下来都面对某个现成的社会架构，包括思想架构，假如上学基础没打扎实，面对纷繁复杂的万千世象，很容易养成不假思索的坏毛病。人云亦云未必一定错，甚至可能经常不错，否则"随大流"就不会成为世故之一。但的确有不少事情使相当多数、甚至绝大多数人陷入盲目性。以历史眼光来观察，宗教势力无疑会日渐式微，但现在信教的人依然不少，某些国家和地区甚至仍受宗教领袖的统治。宗教是非理性的，谁都没有见过神却偏偏信神，当然属于盲目性。另外，商业和娱乐是现代社会的两个大圈子，商业需要广告，娱乐需要追星，个中也很容易找到盲目性的高发区。

有件小事在下常感骨鲠于喉，就是女士们普遍使用化妆品。广告上连篇累牍和煞有介事的宣传使多数人相信这些化妆品所以能够去皱增白，使皮肤显得细嫩光洁、年轻漂亮全是因为其中包含了"营养"皮肤的成分。这听似有理，却经不起推敲。什么叫"营养"皮肤？该是有某些物质被直接吸收，参与新陈代谢，最终加入皮肤细胞的组成吧。可是皮肤的解剖学构造，从表皮到真皮，哪儿找得到任何吸收营养的机构，像肠道黏膜和微血管那样？事实上，别说营养物质，就连水分皮肤都是不能直接吸收的，不信便去澡盆里泡一天，不许喝水，看看会不会口渴。吸收不是"浸润"，有东西渗入皮下并非就是吸收，不然，皮肤"吸收"最多的该是细菌和螨虫（人的皮肤每平方英寸约含三千万个细菌，螨虫则不计其数，尤其老年人更多，它们大部分呆在表皮内，有时亦可进入真皮）。以为一抹上什么"霜"什么"蜜"，皮肤细胞便会"大快朵颐"而变得"年轻"完全是异想天开。理论上，身体的所有细胞都只能按特定的方式（通过血液循环）实行新陈代谢，不是皮肤细胞被什么化妆品"营养"，而是死去的皮肤细胞不断"营养"细菌和螨虫，否则各种微生物为什么要寄居在皮肤上？这些道理按说并不复杂，女士中不乏生物和医学专家，为什么不来揭露真相，启发大家从"反方向"想一想呢？很不幸，各种误导宣传有些还恰恰来自所谓的"专家"。善良的人们通常习惯性地宽容广告说点过头话，然而在下却喜欢较真，不愿作理论让步，因为"营养"皮肤的概念绝非一般错误，而是原则错误，它想证明化妆品不光能"治标"，还能"治本"！什么是"治本"？就是让皮肤

"返老还童",人为地逆转人体生长、发育的总方向。这要属实可了不得,因为皮肤能行,其他器官为什么不行?所以最后的结果非闹出个"长生不老"或"返老还童"药不可。

提倡逆向思维绝不是说只要一"逆向"便一定正确,那是所谓"对着干"的政治逻辑,一个流行的表述是,凡是敌人拥护的就必须反对,凡是敌人反对的就必须拥护。这两个"凡是"代表了一种简化的思维,以为问题都有一种一劳永逸的解决方案,无需根据不断变化的实际情况灵活处理,所以"凡是"的结果是使思想变得僵化。最起码,敌人免不了会犯错误,此时难道不该怂恿、鼓励、推波助澜、将计就计,何必照样不分青红皂白反对一气?显然两个"凡是"的前提是要先确认"敌人"或对手,所以它的要害在于:是否有"永恒的"敌人或"死敌"。这点在"斗争哲学"中曾被认为是毋庸置疑的,否则政治坚定性将会受到质疑。但死敌的概念和"三段论"的"正、反、合"并不一致,因为它蕴含矛盾的解决只能采取"一个吃掉另一个",或者"分"而不"合"的方式。近年来这个概念开始松动,人们逐渐倾向于只承认"永恒的利益"。然而究竟该认清"死敌"还是该把握永恒的利益(不必树立永恒的敌人)却说不大清楚,通常政治家只会以直接的利害关系来区分"敌我",却不懂利益的基础在于"系统"的划分。关于利益的深层思考本书后面将会详谈,但大家知道抗战期间有所谓民族矛盾胜过阶级矛盾一说,那便是把日本和中国依国家的概念划分为不同的系统。冷战期间世界分作两大对立的"阵营"（系统），几乎任何政治行为都是针锋相对，充满了"对着干"的精神。现在冷战结束，需要抛弃冷战思维，以对话代替对抗，则是因为和平与发展（具体化为区域冲突、军备、环境等诸多问题）要求各国共同应对，须从全球的整体出发才能找出办法，所以要把地球人通通放到一个系统中。冷战结束不仅应当看作是由于两个敌对阵营的解体，而且是经济和社会发展的整体态势的要求。对冷战思维进行检讨或反思时便充分运用了逆向思维的方法，打破了"对着干"的僵化的思维定式。其实，任何变化或改革都需要跳出事物原来运行的格局，都需要对现存的秩序进行"逆向思维"，但逆向的结果不必是简单的对着干，从一个极端走向另一个极端。

事实上，所谓逆向只能扩大思路，并不自动获得真理。真理的判定要靠科学，从逆向或其他任何思路得到的结论都必须经过科学的检验，才能找到正误的最终判据。科学对任何事情都要问一个"为什么"，这本身就是对"盲从"的逆向思维。不仅化妆品能否"营养"皮肤这类小问题需要科学，社会政治的大问题更是如此。现在世人多相信由普选决定领导人是天经地义的，可是这种一人一票，然后按少数服从多数的办法真能担保选出最佳的领导人吗？众所周知，真理有时就在少数人手里，换句话说，败选者"没准儿"比胜选者更适合当领导。既然如此，少数服从多数的原则便未必靠得住，它完全可以从真理的角度质疑。这个问题本书后面讨论权力的异化时（第十一、十二节）还将有更详细的分析。

说到逆向思维不能不触及"反潮流"的问题。潮流者，代表多数人的思想行为，然而，正如真理有时就在少数人手里一样，某些潮流虽然人多势众，却不过是历史发展中的支流或逆流，不反就不能推动社会进步。实际上，社会制度和秩序的改变多是结构性的突变，鲜有渐进式的平稳过渡，所以时代的跨越往往要靠站在风口浪尖上的弄潮儿，靠先驱。因为各种变动牵涉到人们的切身利益，这些先驱便不能不冒风险，所谓"顺之者昌，逆之者亡"，使得反潮流不能光凭见识（分得清该不该反，有别于非理性的"对着干"），还要有胆略（不要莽撞，要谋定而后动）。惟其如此，反潮流的口号始终召唤着社会的精英。没有任何一个有出息的人平生只随大流，从不犯险，除了"西瓜偎大边"，没有别的本事。设想人人都顾忌"出头的椽子先烂"或"枪打出头鸟"而惴惴不安，该出手时就不敢出手，社会的进步将肯定无法实现。后现代主义者当然主要不是政治家，但他们的理论勇气同样是值得嘉许的。

现在流行"换位思考"的提法，它其实也是逆向思维的表现。任何社会行为都有主体和受体，其间免不了发生矛盾，商家和消费者，医生和患者、老师和学生，领导和群众，等等。必须改变立场，考察主动行为的后果，设身处地替对方想一想，这将有助于相互理解，化解矛盾，实现双赢。

　　因为挑战传统，反这个反那个反得太多了，后现代的"流浪汉们"在把逆向思维推向极致、表现了极大的理论勇气的同时，仍然免不了有"色厉内荏"的另一面。面对各种质疑，他们有时不得不替自己辩护，宣称他们也有"建设性"，其实这纯属多余。逆向思维通常强调矛盾的另一个侧面，只要不走向极端，本质上是探讨另一种解决矛盾的方案。例如画家在不追求细节真实的条件下来表达美的意涵，走出新的路子，当然是有建设性的，这点在后面的讨论中需要继续留心观察。

# 五 从"距离产生美"说起

上节从讨论绘画切入了"后现代"思维，就着这个势头最好谈点美学问题。不过哲学不能去讲美容、美发、美衣、美食，或美女经济，只能讲"什么是美"这类抽象的问题。说到"距离产生美"，非专业人士可能还不大明白，而专业人士虽然明白大概意思，但是不客气地说，许多不过是"知其然而不知其所以然"。他们或许能够解释几句，例如引用当年著名的美学家朱光潜先生的相关论述，讲些空间距离、时间距离之类，但要多问几个"为什么"就未必能答上来。在下之所以斗胆这么说是因为了解自然科学家和人文科学家、包括美学家的一个重要区别。后者和普通民众，即不专事科学研究的人一样，接受某种观念多半是直接同事实比较，有几个比对了他们便判定正确，接受下来，不大往深处想。而自然科学家尤其学数理科学的则喜欢"演绎"，一定要把某件事情同普遍的科学原理挂上钩，最好能从普遍原理逻辑地"推论"出来才算数。推论不出来，或者甚至与普遍原理相抵触，又找不到合理解释，那是打死也不信的。比如特异功能"耳朵认字"，一般人以为只消确实认出来，没有弄虚作假，那就该相信，因为要"相信事实"。而科学家则不然，他们认为所谓"认字"：分辨白纸上的黑字是基于光学现象，归根结底要靠电磁波（可见光波段）。眼睛认字是因为人有发育完善的接受电磁波的器官视网膜，通过其上的光化学过程产生电信号，然后进行信号的传输和分析，直到中枢神经进行图形识别，有全套认字的机制，符合普遍的物理原理，所以没问题。可"耳朵认字"根本提不出任何机制，没有半点科学依据，"认"得再多也是假的，早晚会被拆穿。承认所谓"耳朵认字"就等于推翻了相关的科学原理，而这些原理在各个领域有着广泛应用，推翻了麻烦就大了。这种思考方式显然比朴素的"眼见为实"深入一层，因为在科学发展的现阶段，"肉眼凡胎"根本算不上什么精密仪器，完全可能受人蒙蔽，或者自己同自己闹误会。学聪明的一条重要原则便是要努力往深处想，避免浅薄。所谓"深处"则是要尽量同普遍的科学原理挂钩，须知这些原理不是少数几个科学家闭门造车瞎鼓捣出来的，而是接受了广泛的实践检验，等于吸收了"全人类"的智慧。我们天天都用电，就等于天天都在检验着电磁学的规律。美学的问题也一样，美不仅是一种感觉，而且也应当有产生的"机制"，这就未必是过往或当今的美学大师都彻底了解的。

　　所谓"距离产生美"其实说的是一种现象，还够不上"机制",描述这种现象不妨拿油画来举例。大家知道绘制油画是用"刷子"当画笔,画成之后"笔触"一般比较粗糙,欣赏时不能站得太近,否则看见的尽是油彩的胡乱堆积,桠桠杈杈,厚薄不均,十分难看。至少要后退几步,使笔触不那么清晰,变得模糊,然后才能欣赏真正的构图。这个经验相信大家都有,可以说是"距离产生美"的最原始、最直接的证据,这里的"距离"就是在画布前后退的那几步。为什么会有这种现象呢?这得从画笔的构造讲起。画家作画时控制的是画笔的整体,顶多是画笔的某一个局部,例如只用某一侧的尖端,但无论多高明、多熟练的画家也绝不可能分别控制刷子上的每一根棕毛,使它们各自在画布上留下特定的痕迹。然而笔触恰恰是来自一根根的棕毛,所以笔触的细致结构绝非画家"有意"造成的,不可能反映画家想要表达的意涵,传递美的信息。图形的内容,美或不美,是由它的整个构图或者"宏观结构"(笔触是"微观结构"),包括轮廓、颜色、光线、重心,尤其是对象的形体内涵、动感之类要素决定的。

距离产生美有各种各样的表现形式,最基本的是空间和时间两种情形。看油画属于空间距离,不过距离不大,大一点的是看风景。当我们到漓江或黄山旅游的时候,必须隔着一定距离才能看出山势走向、欣赏其形状、轮廓的力度和优美。美国的城市风景中有所谓的"天空线"(skyline),也必须远离楼群,采取"眺望"的方式。假如只看眼前,到了黄山很可能只见一丛乱石,而在城市则甚至只是一堆垃圾。诗曰："不识庐山真面目，只缘身在此山中"，就是距离不够大的意思。不仅风景，看人物一样，距离太近把每根汗毛都看得清清楚楚，脸上的雀斑、痘痘、皱纹都一目了然反而不好。古代有"灯下看美人"一说，是利用光照来模糊细节，和以距离来模糊细节都基于同样的道理。除了空间，还有时间距离，最典型的例子就是回忆，回忆常常是美丽的。朋友分别后才会有思念，念着对方的好，天天在一起，反而易生摩擦和嫌隙，还有夫妻间的"小别胜新婚"都属这类情形。为什么？在下曾经反复思考这个问题，隐约感到它能将对"美"的认识引向深入。20世纪50年代，朱光潜先生有篇文章叫《美是客观与主观的统一》，背景是那时提倡唯物主义，一切讲求客观，连美也必须说成是"事物的客观特性"，谁敢说是"主观感觉"就会被扣上唯心主义的帽子。朱先生的文章显然是有感而发，他觉得"客观特性"说太过牵强、不对劲，但也不能接受美和对象无关，全由主观心境决定，所以来个折中。老实说，这种讨论根本解决不了任何问题，"主观"是什么？"客观"又如何？说不清楚，没有切入点，当然深入不下去。

　　油画的笔触是一个富有启发性的例子，它很容易使人联想到信息的图形定义，这似乎是两个"不搭界"的领域，然而恰恰是诸如此类的思想"嫁接"或"杂交"才可能产生新的概念，给"美"的讨论提供新的视角。什么是信息的图形定义呢？简单说就是地图，一张地图展开在面前，立即就给我们提供了地面上城市的位置、相互距离和道路交通等重要的地理信息。地图都是有比例尺的，图上 1 厘米代表地面上 100 公里，那么比例就是 1:10000000。军用地图比例尺很小，图上 1 厘米可能只代表地面上 500 米，因而"分辨率"很高，看起来显得细致。但是无论多么高的分辨率，总会有一个限度，即便现在全球卫星定位系统 GPS 可以将街上一栋一栋的建筑物都看得清清楚楚，到网上用搜索引擎一搜就能将它们通通显示出来，可是建筑物里的房间、房间里的家具摆设总不至于都拍下来吧？再说，这些东西随时可以挪动，刚才在这里，过一会儿便在那里，卫星绕地球扫描，反应能那么迅速？这意思就是说，比卫星摄影的分辨率更高的"精细结构"，是无法包含在地图传递的信息之中的。再说生动点，图形可能显示地上一块耕地，却不能显示地里一个一个的土坷垃，因为土坷垃位置的信息在绘制地图时根本没办法输进去，这便和画家作画时没有通过画笔上的每根棕毛输入美的信息属于同样的情形。

画家输入的是较为宏观的信息，人形的轮廓自然代表人，发型、衣着等则显示性别；四肢、手足的线条比较柔美，应当属于女性；眼睛睁得大大的，表示她受到了惊吓，等等。还有色彩、光线、视角、投影、重心，诸如此类，可以列出许多方面，它们共同组成画面的"宏观结构"，是作者传送信息的载体。除了这种人工打造的之外，也有天然形成的，如自然风光、人体（不包括化妆），在这个意义上，我们首先要承认：美是一种结

构信息，即通过不同元素和元素之间不同的关系表达的
信息。

　　信息一词现在用得很多，但多数人其实只是一种模
模糊糊的概念，和知识啦、消息啦、新闻啦、数据啦之
类差不多。比较准确一点，应当把信息和"变异度"或
变化的可能性联系起来，所以没有变化便没有信息。比
如选举，只有惟一的候选人，没有竞争对手，当选没有
悬念，就无所谓信息。假如有两个候选人，结果包含不
确定性，那么获知其中一位当选就获得了信息。候选人
多，变异度大，不确定性也大，获知谁当选获得的信息
量也越大。在画面的宏观结构中，每个要素和要素之间
的关系都可能发生变化，所以能够承载信息。眼睛睁得
大大的表示惊讶，眯成一条缝则是笑意，忧伤时眼帘下
垂，惊讶和开怀大笑时口形不完全一样，甚至因人而异。
五官的这种搭配，可以产生各种各样的表情，它们都属
于画面的宏观结构。

　　有结构才会有信息，照定义说，结构是指元素和元
素之间的关系，元素不同或者元素间的关系不同，都是
不同的结构。画面的宏观结构则是它的空间花样，花样
有变化，变化多端，才能够承载较大的信息量。反之，
一盘散沙，排列毫无秩序，不显示结构（可见"结构"
和"秩序"属于同一系列的概念），也就无法承载信息。
假如进行沙雕，把一堆沙子堆砌成形，沙粒不再乱排，
显出结构，便能和其他物体一样承载信息。一座沙的城
堡、一种沙的动物或其他什么，只要表达意涵，都能传

递信息。人类使用的文字，不论方块文字或拼音文字，都是一种结构，将它们组合起来可以造成不可胜计的复杂花样，表达不同的信息内容。有如一部小说，几十万字，可能整整记录一个时代的侧面；一本科学专著，则包含复杂的自然信息。除了空间结构，还有时间结构。语言要讲究语法，前后文之间毫无关联、乱说一气，没人听得懂，便不能传递信息。还有音乐，高低音阶的顺序搭配和时延变化可以组成各种各样的旋律，表达不同的意涵。假如不搭配或搭配不好，听起来乱七八糟，便不是乐音而是噪音，和乱涂乱画的画面一样，不包含有意义的信息。

　　"美"的前提首先就是对象中的这些结构信息，人工打造或天然形成，它们对受众而言完全是"客观"的。承认这点立刻便可以解释"距离产生美"，因为对结构的感知、认识和了解必须置身结构"之外"，才能把握它的整体。假如深入结构内部，那么感知、认识和了解的只是局部或片断，便不再是美的信息。一段音乐的优美并非来自个别的音符，而是整个段落的结构，或明快、或深沉、或悠扬、或热烈，任何意涵单靠个别音符都不可能表达，它是整体搭配的效果，取决于所有音符之间的关联，或旋律的结构。这就需要相当的时延，和看油画（或其他的画）需要保持适当的距离意思是一样的。

　　然而结构信息只是美的前提，并非美的机制，有了它还不一定就有美。美不美是"人话"，表达个人的意见，它是在个人感觉的基础上产生的，属于个人意志。

美学的基本问题就是要合理解释这个"意志"，这就不能不引入主观的成分，并面临很大的个体差异。当把问题说到这个程度，我们立刻发现有两种对立的思想路线。现在多数人，除了专门从事相关科学研究的，对个人意志大都抱着神秘主义的观点，认为"人心"无法从"内部"分析（"存在决定意识"只是意识的"外部"根源），有些"唯心主义"的哲学家认为"人心"就是本源，是研究的出发点，是解释其他事物的理由而自身却不需要解释（本性、本能中的"本"字就是"原始"或"本初"的意思）。他们称历史、文学乃至社会科学为"人学"，意指事情是人做的，所以要"以人解事"，从"人心"去找事变的原因。世风日下是因为"人心不古"，贪污盗窃则是人性的贪婪自私。但究竟是"人性善"还是"人性恶"谁说得清楚？因此这条路是死胡同。科学家恰恰相反，从达尔文开始就确认了人是自然界发展的产物，它是"结果"，不是什么出发点。事实上，思维的本性、人的意志自由是当代科学的一个前沿，早已落入科学家的法眼。分子生物学的一个重要部分就是研究神经元的生长和发育，尤其脑电波和涉及信号传输的电化学过程，并同其他学科的研究相结合。例如认知心理学就把人脑的活动同计算机类比，对思维的模式取得许多重要的认识。显然后者才是"大方向"，在下正是有感于此才提出了一个"意志自由的选择模型"（参见拙著《物理社会学》或《社会系统》中相关章节），既保证自由确实存在，同时又赋予因果律以完整的地位，堵塞任何通向神秘主义的暗道机关。

　　是什么决定着人的意志，使人能够自主地作出一个
又一个具有特定意涵的思想和行为抉择呢？只要承认头
脑是具有高度组织的物质，由在自然界其他任何地方都
能见到、属于同一元素周期表的各种原子和分子组成，
最终的答案便只能是神经元和神经网络的物理状态，它
代表头脑中的信息存储。换言之，头脑中有石头和没有
石头的概念其物理状态是不同的。不仅如此，黑石头和
白石头、大石头和小石头、长石头和扁石头、粗石头和
细石头，只要感官能分辨、概念上有区别，头脑中存储
的物理状态也不相同，都有可能影响人的意志：有不同
的石头便可能导致不同的选择。这些存储的物理状态叫
做人的"知识和能力结构"，属于长期记忆，它是人们经
过各自的生活历程中打造出来的，包括书本知识和实际
经验，人跟人具有极大的个体差异。从同一母腹同时出
生的兄弟姐妹叫双胞胎，形态和生理特征十分相似，而
知识和能力结构却不存在双胞胎，因为人和人绝不会有
完全相同的生活轨迹。当初克隆羊出现的时候，有人以
为用希特勒的基因克隆出一个婴儿长大了就是恶魔希特
勒，完全是胡扯。因为新生的婴儿不可能再遇到严格相
同的社会生活环境，除非有本事"克隆历史"。当然，由
于人和人的感官、头脑在解剖学上毕竟是相似的，相同
的对象（如石头）也会导致相同的信息存储（神经元和
神经网络相似的物理状态），所以人类能够彼此沟通，取
得共识（甚至人和动物也有某些相似之处：拿一块石头

砸过去，高等动物都会躲避）。

　　这个知识和能力结构把人的"本性"去神秘化了，它就是人的意志的物理解释。为什么对同一件事情不同的人会有不同的认知，采取不同的态度呢？那就是各人头脑里信息的存储是不一样的。在这个意义上，美作为一种选择倾向或意志的体现（判断美或不美），不过是具有不同知识和能力结构的人对包含在对象中相关结构信息的一种反应，和意志的其他表现并无根本区别，都来自人脑的反馈作用，即对外界信号（对象中的结构信息）采取的不同反应。人脑在这个意义上相当于自动机或自主系统，而头脑中的信息存储则决定反馈中心的结构。对人采取这种机械或"技术"的观点许多文科或从事艺术工作的恐怕还不习惯，甚至拒绝接受，然而，现代科学的发展证明，任何人都决计违拗不过这个认识深化的大趋势。

　　假如把美看作对象的一种"特性"，那么这种特性同样实现于对象和个人的关系之中。朱光潜先生说"美是客观与主观的统一"一点没错，只不过他不用知识和能力结构或信息存储来解释"主观"，他的结论只是"猜"出来的。统一，谁和谁统一？怎样统一？论据不充分。而我们现在把统一的双方明确指出来了，所以比他高明。这种"客观与主观的统一"其实很多，与唯心主义毫无关系，不过表明事物的特性必须表现于它的外部关系之中。以商品而论，它有使用价值，或"用途"，这就含有强烈的主观性。面包是食物，它的用途是果腹。然而一

个饥肠辘辘的人和一个正在呕吐反胃的人对面包的需求
显然是不一样的，因此面包对他们的用途也不一样。不
仅如此，喜欢面食和喜欢大米饭的人对面包的需求也不
一样，甚至同一个人，今天昨天、刚才现在也不一样。
这种"主观性"丝毫不影响面包的客观性质，它不过表
明，用途这种特性必须在物品和人的关系中才能表现出
来，没有人、没有使用者，用途毫无意义。一类物品和
不同的人具有不同的关系，这是关系的"相对性"。"相
对"就是表示"从不同的关系来考察"的意思。拉丁和
斯拉夫语系中"相对"一词都是从"关系"派生出来
的，英文"相对的"是 relative，而"关系"则是 rela-
tion，"相对性"是 relativity。这种相对性和物理学中运动
的"参照系"意思差不多，不同的参照系中物体的运动
不同，但它丝毫不影响运动的客观性，因为在每个参照
系中运动都是客观的，都要遵从运动的规律性。一幅画
有人喜欢，有人不喜欢，一首乐曲有人爱听，有人不爱
听，这是美感的相对性。只不过相对性的参照物是人，
因此被称做"主观性"。主观性不等于任意性或随心所
欲，它不排斥规律性，因为在每种关系中，特性的表现
仍然是客观的、合乎规律的。"美"这种特性是在与人的
关系中实现的，它和物品的"用途"完全类似，物品满
足人的生理（物质）需要，而艺术品（包含美的事物）
则满足人的心理或精神需要。平常说"中看"和"中
用"，含义虽然不同，逻辑结构上却具有完全的类比。

　　从美的前提（事物包含的结构信息）到美的感觉需

要一个过渡，共分三个层次。英国的洛克早就提出了所谓"第一性质"和"第二性质"的概念，代表了前两个层次，而美感则处在第三个层次。以颜色和声音为例，我们现在知道，颜色的基础是物体对特定波长的电磁波的反射，这是物体的"纯客观"性质，属于"第一性质"。所谓"纯客观"是指物体如何反射电磁波与人毫不相干，当然不会因人而异。而"第二性质"则是我们感觉到的颜色，它可能因人而异，比如色盲，大家看着为蓝色，他却说是灰色。但这种变异并不牵涉人的意志，完全是由器官障碍、生理缺陷引起的。声音也一样，它的基础是空气的振动，音调的高低对应于频率的高低，这也是纯客观的"第一性质"，而对这些振动的感知才是声音，属于"第二性质"。颜色和声音本身都不能算作美，必须巧妙地进行搭配，通过搭配贯彻画家和作曲家的意志，将美的信息注入其中，这些信息被欣赏者接受和理解，产生"共鸣"，这才会有美。所以美的形成机制不在感官分析器，它只能辨识图形的几何结构或旋律的时间结构，以及颜色或频率的物理结构，而美是在这些结构之上的"高层次意义结构"，联系着更为广泛的心理和人文意涵，包括社会价值的评估，或者如常说的"真善美"和"假恶丑"。必须外部的结构信息在人的知识和能力结构中找到某种一致与和谐（统一），才能有美的感受，借用流行的说法，美必须要用"心"去发现和体验。心不到，或者知识和能力结构有缺陷，就感觉不到美，这无法用金钱弥补，所以艺术有高雅和通俗的区别。雕塑家罗丹说：生活中并不缺少美，缺少的只是发现。他所谓生活中的美，其实只是美的前提，属于结构信息的层次。只有被发现的美才是真的美，而发现则要运用全部的信息存储去理解，借助各种可能的联想，才能形成美的意涵，产生美的感受。因此美和个人或"主观"是分不开的，美的要害不在感官，而在"心智"，和洛克的第二性质（颜色、声音等）相比，它应该叫"第三性质"（对美的意涵的理解）才对。

有一幅题为《父亲》的油画，是一个极普通的老农的头像，眼神甚至略显呆滞和无奈，却在人的心灵造成巨大的震撼。微微张开的干裂的嘴唇，似乎想说什么却什么都没有说，然而那饱经风霜的黝黑的面庞和刻在脸上的深深的皱纹却道出了岁月的沧桑和深重的苦难，透露出鲜明的、具有民族特征的坚忍和顽强，标题本身也包含极大的亲和力。显然，这些正是作者想要传递的美的意涵，而众多观赏者产生的巨大共鸣则代表了对这些意涵的认同和理解，与个人的审美标准完全一致，这才使这幅画受到了广泛的赞誉。不消说这些意涵远远超越了绘画的色彩与构图，正因为如此，未必所有的观赏者都理解和接受它，因为他们头脑中具有不同的信息存储，即使看见相同的颜色和线条，从中也只能得到不同的感受。

更多的题材和意涵不一定如此严肃，无论创作或天然的美丽其实都是使人心旷神怡，轻松和愉悦。比如奇石收藏，各种精巧奇特、形态各异的石头被当成了宝贝，它们的"美"全在造型引起的联想以及伴随的心理反应。比如石头像一头卧狮或一位老者，从卧狮可以联想到威武、勇猛，从老者则可联想到智慧、清奇等。有些石头可能什么也不像，然而独特的轮廓和线条或表面的构造却展现出某种力度或柔和，同样能激发联想造成一定的美感。这种情形也适用于图案画或其他较为抽象的艺术形式，如无标题音乐或轻音乐之类，它们传递的美的信息可能只是某种单纯的印象或感觉。

这里所谓"什么也不像"只是说不像任何具体的事物（卧狮或老者），它仍然必须保有最低限度的意涵（力度或柔和就是意涵），这是美的必要条件。假如什么意涵也没有，那么对象中的"结构信息"就没有造成任何美感，这些信息就绝非美的信息。显然不是任何意涵都具有美感，美感是一种令人愉悦的感觉，来自内在的契合与统一，即美的信息（意涵）与理念（包括社会价值评估）的一致，与观念（常识或生活逻辑）的一致，甚至与神经生理过程（使人振奋或放松而不是焦躁或压抑）的一致。文学作品中之所以没有人去描写大便、苍蝇就是这个道理。即使战争题材，透过它的破坏、杀戮、残酷和血腥也有可能表现历史的波澜壮阔和曲折艰辛，表现人的勇敢、牺牲、机智、一往无前等，仍然属于美感。

从蕴含美的结构信息到真实的美感必须调动个人已有的信息存储，而且范围十分广泛，从内容丰富的社会政治到简单的情绪反应，通通包括在内。与其他的感情形式，如男女之爱、亲子之爱、乡土之爱等比较起来范围要广泛得多，因此我们有名目繁多，各式各样的美。不过，美感和其他情感形式一样始终属于意志的选择趋向，因此可以归结为广义的"爱"和"憎"（美就是爱）。但在美感中"联想"具有更重要的作用，不能联想就不能在个人已有的信息存储中扫描，更谈不上理解（将未知同已知以合乎逻辑的关系联系起来叫理解），所以它是欣赏的前提。前面的例子已清楚表明，从对象的物理特质到美之间必须经过心理的转换，即解读对象之中传递美的结构信息。假如解读不出来，或解读有误、有差别，就会得不到美感，或者得到与他人不同的美感，所以美是客观与主观的统一。

　　审美趋向和其他感情形式一样具有经验的起源，也包含经验的累积效应：经验越丰富，情感就越深厚，对美感而言就是感受更强烈。[①] 本书第十四节将分析感情的产生机制，原则上它也适用于审美趋向的形成。这个累积效应和长期记忆的形成有关，已经证明，人的记忆和计算机的"一次读入"型不大一样，有些长期记忆需要反复刺激。婴儿出生后通常要半年以上才能分清生人和熟人，其间无疑经过多次的信号刺激，并使神经元之间的连接发生了某种永久性的变化，它就是长期记忆，对应于人的知识和能力结构。很可能，人脑并非以单个神经细胞作为存储单元，而多半是通过神经网络。

---

　　① 但也存在相反的趋势，它导致"审美疲劳"，很可能与"抗体"的形成有关，故不能忽略美感心理的生理层面。

　　经验的记忆有个重要的特点，即重在记录成败的结果，对结果进行统计，而不研讨成败的原因或理由。事实上许多理由不仅难以在事前弄得一清二楚，甚至成功之后也未必立即明白。但根据趋利避害的原则，成功将受到鼓励，失败则要尽量避免，因此才逐渐由对成败的趋避导致爱和憎的两极选择趋向。在美感中，"成功"就是得到了美，或使对象中相关的结构信息与个人头脑中的信息存储实现了契合与统一。所以，扩大知识面，加深理解力，提高认识水准，有可能得到更多的美感，而这种快乐肯定是钱买不来的。

# 六 "零增长"：后现代的经济理论

回到后现代主义的论题上来。知道它善用逆向思维，把什么事情都倒过来想一下，用他们的话说，就是"所有已被接受的东西，即使昨天才接受的，都必须质疑"。经济发展也不例外，常规思维是努力实现持续的高速增长，满足社会需求。国家好不好、顺不顺就得看经济成长如何，古今中外概莫能外。"文革"期间革命口号喊得山响，国民经济却面临崩溃的边缘，它肯定是中国现代史上一个很大的曲折。可是后现代主义却偏偏提出一个"零增长"理论，零增长就是不增长，幸好还不是"负增长"，这有什么道理？

回答这个问题自然先得问，经济增长到底好不好？这好像问得有些傻，经济增长才能生活富足，怎么会不好呢？可是，换个角度看，经济增长永远是有代价的，这个代价不仅是人们的直接努力和付出，如何辛苦，而且牵涉整个生产的环境和条件。就特定的产业结构而言，当处于某些阶段时，总量的增加可能非常吃力，例如能源和原材料遇上"瓶颈",交通运输超负荷运行,劳动力紧缺,人员素质尚待提高等,除非真的马上要饿死人,强行增长带来的"好处"和必须付出的代价太不成比例。经济学家讲"边际效应",知道增产到一定限度再往上攀升难度会逐渐增加。再说,把眼界放宽点,留心人和自然的关系,开工生产就意味着向自然界索取,在有限发展的技术水平上,任何生产活动都必然带来污染,对自然界的过度开发会使其不堪重负,它便要反过来对人类实行惩罚。自然界"带病生产"和个人"带病工作"一样,未必是好事。为了保持生态平衡,许多地方不得不实行"退耕还林"、"退耕还牧",使土地得到休养生息,意思完全是积极的。美国有些农场,政府只要求它们休耕,什么都别干就发给补贴,也是同样的道理。从这个角度看,即算计经济发展耗费的成本或代价,人似乎还真该多留个心眼儿。所谓"零增长"就是针对这些问题提出来的,并非抽象的、不分青红皂白的"不许"增长。

　　这也清楚地表明,后现代主义有时蛮讲道理,实事求是,不像什么流浪汉,流浪汉怎能有这般见识?看得出来,这类问题一般的辩证思维同样能够包括,甚至属于"科学发展观"的应有之义,辩证法讲究分析矛盾、解决矛盾,不要让一种倾向掩盖另一种倾向,不照样也会得出类似的结论吗?不错,在下早已声明,并未将后现代主义看作任何怪物,当它是同传统哲学毫不相干的"大发明",明确指出它采用逆向思维就是想要"收编"它,这里把"零增长"理论的合理部分归功于它也有抬举的意思。

这个问题对中国当然有着非常现实的意义，早年在"短缺型经济"时期，发展经济的主要口号是"多、快、好、省"，四个字的每一个均可拿来进行后现代的操作。比如"省"，正面解释是节约、反对浪费，省工、省时、省料，但它和偷工减料的界限在哪里？通常会说"省"的前提是要保证质量，不过质量究竟要多高多低才算合理同样需要具体标准。这并非抬杠，而是提醒什么事情都有其反面，因此要掌握分寸。真理是具体的，在物资全面匮乏的情形下，提出"多"的口号未必是错，只是中国不光"穷"，而且"白"，教育程度不高，多数人不懂经济学，不懂市场，不懂供需关系，很容易把"多"简单和片面理解为"多多益善"，这就成问题了。韩信当年讲带兵多多益善，其实就有盲目性，兵多，粮草供应不上，能说"益善"吗？正是在诸如此类的糊涂观念影响下，脱离社会需求盲目生产，为"指标"而生产，而"指标"则来自长官意志，来自政治决策，结果造成物资的大量短缺和大量浪费同时并存。经济学家在统计国内的经济数据时发现，一部分产品确实被消费了，另一部分则是浪费了，还有相当可观的数量是"不知去向"，其实是连有没有都说不清楚的糊涂账，足以证明官僚主义的严重性和危害。

现在情况发生了重大变化，逐渐懂得了要按经济规律办事，但盲目性的问题依然存在，而且常常以新的形式表现出来。比如我们已经取得了举世瞩目的高速发展，但同时也需要冷静地防止经济过热，防止片面追求 GDP。尤其在"世界工厂"的帽子底下，大量的生产加工揽在国内进行，造成了严重的环境污染，这可是延祸子孙的大问题。相反，企业的营销、研发等"细活"，决定利润分配的关键部分却留在外国，国人岂能不为如此的产业链划分多留个心眼儿？当然，接受外资的条件，中国也有不得已的苦衷，因为需要引进先进技术以提高自身的生产和开发能力，所以有时不得不付出相应的代价。但这就需要统筹安排，还要算细账，一笔一笔地来，切忌争先恐后，互相攀比，盲目认为引进外资"多多益善"。

在下并非经济学家，不敢真拿严肃的社会经济问题说事，但作为休闲，想起若干年前仍忙于生计之时，在随便翻翻中发现了"零增长"后曾经有过一闪念，觉得这个问题可以缩小到个人，把它变成"微观"：这辈子究竟该挣多少钱？这似乎更是一个傻问题，挣钱？当然多多益善，能挣多少尽量挣，只怕没本事挣不来。但拿逆向思维去算计一通后发现，其实不然！首先，社会分工岂能让每个人都从事挣钱效率最高的行业（哪有那么多发财的机会）？多数人接受工作挑选，能干什么就干什么，少数人是自己挑工作，喜欢什么干什么，但却不一定最赚钱。在下靠做学问为生，工薪族，有时甚至要赔钱。假如人生的目的就是挣钱，早该"跳槽"了。不仅如此，还有一个更基本的问题，要那么多钱干吗？有人不假思索就说，挣钱花呗，爱买什么买什么，什么好玩玩什么，欲望还有止境？不然，想听听世界首富比尔·

盖茨的意见吗？他说，以家庭消费而论，财富达到1亿
美金之后差不多便饱和了，换句话说，身家1亿和身家
100亿其实生活水准没有太大差别，差别只是账面上的数
字。这个道理不难理解，衣食住行，现时代就那么个物
资结构，能够奢侈到哪里去？当年的帝王将相，钱肯定
不少，却连电视都没见过，可现今这是普通物件。因此
绝不是钱多一分享受就增加一分，就算盖茨一家也没有
天天吃龙肝凤胆，再说，龙肝凤胆就一定好吃吗？报载
某年某月某日一帮大款包了一桌天价酒席，12个人36
万，每人3万。有些什么奇珍异宝未及备述，只说其中
一道菜是将绿豆芽的茎全部掏空（！）注入燕窝的浓羹，
工艺相当复杂。在下虽不够档次吃这道菜，心下却一直
怀疑，绿豆芽只剩一层皮，脆劲儿肯定没了，能有多美
味？就算来钱容易，36万也得费些功夫，从一餐饭获得
的快感和付出的代价真成比例？纵观世界，大约只有中
东国家专卖石油的王室成员习惯如此，这个纯金打造，
那个纯金打造，一道门就几十万美金（在美国中部可买
两套普通住宅），奢侈无比。但将来石油卖光了呢？这虽
说是杞人忧天，但中东地区的百姓难道不该有未来？

　　当然，1亿美金对普通人家已是天文数字，中亚地区
铤而走险以身体藏毒的毒贩每次的报酬才1000美金左
右，这绝对是高收入行业，那些尚未得温饱的民众自然
更不消说了。不过有组织进行过调查，世界上民众感觉
最快乐的国度并非想象中的发达国家，而是太平洋上的
一个岛国。那里民风淳朴，很少社会纠纷，一般人捕鱼

为业，谈不上高科技，环境几乎零污染，清晨出渔，沐浴晨曦，在碧水蓝天中只要捞到一条大鱼，便从心底感到快乐无比。这真像传说中的"桃花源"，足以证明把个人欲望放到"快乐公式"的分母上完全正确：欲望越小，快乐就越多。可惜这个例子未必有什么说服力，毕竟大家不能也不愿真正成为岛国的居民，过他们那样的生活。那么，中彩票如何？这是现今不少人"心向往之"的。也有组织进行过调查，统计了全世界上百名奖金在15万美元以上的曾经的幸运儿，却发现多数人10年之后依旧回复到和原来差不多的生活状态。最有趣的是土耳其的一个摆地摊的修鞋人，获奖之后这位老兄吃香的喝辣的，着实美滋滋过了一阵子，但不多几年便恢复原状，重操旧业，继续摆上了地摊。也许中国人平均智商略高（美国有人公布的数字是107，高于白人的平均水平100），有了资本之后会钱生钱、利滚利，最后真的"发"了。不过，迄今尚未见到有报告或调查，说某某大款完全是靠中彩票起家的。

　　岛国小民和中彩票均不足为训，比较现实的是华裔物理学家袁家骝和吴健雄夫妇，在美国已有相当学术地位，吴健雄曾以实验验证了诺贝尔奖获得者李政道和杨振宁宇称不守恒的发现，担任过美国物理学会的主席，他们多年来却一直住公寓，不肯自己购房。不是买不起，而是嫌收拾房子太麻烦，他们都是学者，不舍得把精力花在这方面。美国人喜欢单独的民居（house），住公寓的比例不大，约为15%或20%。独门独院当然有好处，但也不尽然，光是花在整理院子（yard）上的功夫就相当可观。春天气温升高，一下雨草就疯长，每星期都得割草。如果有树，还需整枝，秋天树叶落下来，所谓"吹落黄花满地金"，美则美矣，可惜得收集起来当垃圾，一收便是二三十个大塑料袋，气喘吁吁之余全部诗意立刻消失殆尽。在下自搬进独立屋之后始终有"房奴"之感：虽是在住（使用）房子，却必须先伺候房子，当它的奴隶（和有车族需要伺候车一个道理）。之所以想起袁、吴夫妇便是有感而发，佩服他们想得开、聪明。当然，许多老美下了班无所事事，对此并不在意，种种花、割割草，干些体力活，活动活动筋骨，很惬意，奈何在下一向四体不勤，心理承受能力始终达不到那种境界：原本幸福的标准就是因人而异的。

人在占有财富、成为财富"主人"的同时就自然承诺了保护它的责任，也可以说沦为它的奴隶。谁愿意看着到手的钱财轻易流失？那只会被人斥为"败家子"。财富越多责任越大，过度敛财，超出实际需求的盲目性并不可取。古往今来有许多劝人节制贪婪，反对物欲横流、玩物丧志的说教。《红楼梦》的"好了歌"相信不少人都背得，还有个更简单的格言：生不带来，死不带去。可惜它敌不过"活着要花"的现实需求。有所谓"贫穷恐惧症"（穷怕了），显示出一种心理的懦弱。其实，任何社会都历经贫穷，而贫富的标准是随时代变化的，即使在贫穷的环境下仍然能够找到属于个人的快乐和幸福。

把"零增长"理论微观化可以在一定程度上帮助人

摆脱拜金主义，在这点上它的意义是积极的。但"零增长"的前提是社会的经济已经有了相当发展，温饱等基本生活条件有所保证，由于边际效应（越往上越困难），确实需要计算发展的代价和成本，不能傻乎乎只知道"增长、增长、再增长"。理论应用需要结合实际，假如真的食不果腹、衣不蔽体，当然只能穷则思变，提倡战天斗地、艰苦奋斗；但已经有了一定基础，生活大体过得去之后，则需要重新算计各种成本。不要像成都人普遍担心的那样："上半辈子拼着性命去挣钱，后半辈子则把挣来的钱拿去看病"，那就不合算了。

　　对一般人而言，花多少代价挣多少钱是自己的选择，只要来路正当，他人都不便置喙。问题是，社会上总有一部分不走正道的人，老话叫"饥寒起盗心"，认为不法行为主要来自贫穷或底层民众，可当今社会的现实是，以歪门邪道搞钱的主要是更接近财富、生活优渥和富裕的官僚与商人，贪婪才是犯罪的根源。查查贪官和不法商人，谁家是真正揭不开锅的？华尔街的金融诈骗犯们更不消说了。假如这些人要学点后现代主义，就该问自己：贪污、诈骗等犯罪到底合不合算？钱财虽然美妙，但算计一下犯罪的成本就不好说了，要捕捉可乘之机，又要留下退路，设计隐蔽或逃逸，智商真的不能太低。中国社会尚在转型之中，不少地方制度不严，充满灰色地带，但即便如此，毕竟当今社会已是正义和邪恶壁垒分明，贪污或诈骗只能隐蔽进行，属于犯险，不能不精心设计和谨慎实施。理论上有"天网恢恢，疏而不漏"，

实际上却没有百分之百的破案率，总有漏网之鱼。只是
社会的发展总会使制度越来越严，做坏事越来越具有冒
险性，使绝大多数犯罪分子都不得不依靠脆弱的侥幸心
理。有人在实施犯罪后不久就感到后悔，却因各种原因
而不得自拔，越陷越深，甚至丧失了意志自由或选择的
主动权。

除了外部成本还有内在成本，或犯罪的心理压力。
干坏事瞒得过别人，还瞒得过自己？一般说，犯罪分子
虽然做了坏事，却不等于良心完全泯灭，使他们花着昧
心钱时不能毫无顾忌、心安理得。多数人都是躲躲藏藏、
担惊受怕过日子，金钱换来的超额享受未必能够补偿心
理上的沉重负担或痛苦折磨。有小说家写得很深刻，要
干坏事就彻头彻尾坏透，千万别留半点良心，否则剩下
的那一星半点会把人折磨够。可是要坏透并不容易，多
数"半吊子"坏人为道德谴责付出的代价其实相当高，
而且得不到任何同情，最近有专家提出"坏人短命"说，
不是毫无道理。还有不少贪赃枉法者自称是为了子女的
未来，可惜这个借口同样包含矛盾。须知，99%以上的
强盗都不希望子女继续做强盗，只希望他们过"正常的"
生活。可是用非法窃取的钱财来供养子女先就赋予他们
"原罪"，给未来投下巨大的阴影，还怎么"正常"生活？

成本和利润具有正反的含义，适合"三段论"的分
析，无论以合法或非法手段挣钱逻辑结构是一样的，区
别是非法手段要付出更高的法律成本，将一正一反"合"
到什么刻度，是赔是赚，只有自己去判断了。

　　经济生活以人为本，终极目的是满足人的消费，但社会上直接用于消费的财富并不多，大部分是用于创造财富的资源。通常讲生产的要素包括土地、资本、劳动和知识（技术）。资本不光是钱或流动资金，更多的是生产设备、机器、原材料，等等。缺少配套的资源绝不可能生产，所谓社会财富主要是指它们，以价值计算远远超过生活消费品。然而，占有和控制这些资源的人数却不多，多数人只靠劳动为生，包括脑力劳动，如管理和技术人员，性质是一样的。实行股份制后，公司或企业的资产折合成股票，买了股票就拥有了股权，由大家共同占有这些资产，可是真正"控股"的人寥寥无几，多数中小股民对管理和实际运营并没有多少发言权。这使得民众对财富的关注更侧重于消费，如何过日子，这是一种"小民心态"，很容易忽略财富的一些重要的特性。流行的海盗故事大都是到某某金银岛探险，发现古代沉船，满载珠宝，打捞上来，一生受用不尽，就是只知消费而自动向拜金主义和享乐主义倾斜。各种消费品看起来琳琅满目，种类变化却不多，无非吃、穿、用，贵一点的是家用电器、珠宝首饰、房屋汽车等，却没有哪一种能单独影响国计民生，无可替代，所以一般说来在理论上较少受到关注。

　　真正的财富占有者，如董事长心态却不然，假如他有一座工厂，头号问题就是，什么工厂？钢铁厂还是棉纺厂？或者软件公司？这些财富的"物理性质"是不相同的。提出这个问题是因为在社会发展的今天，财富已经不适合简单的管理，而必须根据各种各样的技术内涵，对每个环节进行精确控制。农耕时代生产很简单，没有多少技术含量，只消地主或监工吆喝农奴下地干活，所谓管理主要靠棍棒和皮鞭。而现在的管理就不同了，需讲求科学。首先是劳动组合，大家分工合作，其余技术开发、经济核算、市场分析、营销手段，都有许许多多讲究，它们的源头最终都归结到财富的物理本性上来。钢厂有钢厂的管理办法，棉纺厂有棉纺厂的管理办法，两者哪怕有某些相通之处，具体运作却是完全不同的，不能生搬硬套。不同的企业，由于技术原因，在市场中有不同的机遇，很可能命运攸关、转瞬即逝，抓不住就会影响自身的发展，甚至被淘汰。传统经济学的重点是市场的供求关系，它决定商品的价格或交换价值，顶多笼统承认商品的使用价值，却不对它作具体分析，因为一分析就到了产品的技术性能，属于自然和技术科学的领域。但现在常常不允许把技术问题割裂开来，必须重视技术因素对各方面的深刻影响，按技术要求进行运作。

　　财富的物理本性消费品也有，但它不影响管理，所以不大受重视。而生产资料的物理本性却不仅导致管理精确化的概念，还有两个主要的推论，一个关系经济发展，另一个则牵涉财产继承。经济发展主要靠技术进步，这点在进入所谓"知识经济"时代后已经被逐步接受了。当年马尔萨斯提出他的人口论时相信生产是按"算术级数"增长，人口是按"几何级数"增长的。算术级数就是线性增长，说明马尔萨斯没有技术革新和技术革命的概念，思想停留在一座工厂每月生产100件产品，两座便是200件的水平上，他想不到采用新技术，一座工厂就能每月生产1000件，甚至10000件，增长可以采取非线性的形式。不仅产量增加，尤其会出现新产品，其品质和功能旧产品根本无法相比。这也难怪，马尔萨斯的时代技术进步缓慢，大量的生产工艺都是老套套，年年如此、代代相传，和今天技术突飞猛进，新产品花样翻新、层出不穷完全不可同日而语。中国今天已面临"创新"的课题，但创新主要不是推出品牌，而是突破技术瓶颈，没有先进技术造出性能优越的新产品，给老产品换个包装、起个响亮的名字就能占领市场？显然不可能。

经济发展主要依靠技术进步的概念直接来源于财富的物理本性。不同的物理本性代表不同的技术信息，代表生产过程是自然过程的特定组合，技术进步意味着组合方式的改变，和原来的生产线相比它属于"结构突变"，像物种进化一样，是全新的系统，当然可以"不成比例"，采取"非线性"的增长形式。但技术进步不能乱来，一切都得遵从自然规律，也就不能脱离各种财富（生产资料）特殊的物理本性。由于产业的多样化，我们有各行各业组成的产业链，不仅这项生产的产品是另一项生产的原材料，相互间有供求关系，而且各行各业在技术上是互相关联的，一个行业的技术改造，可能带动一大片。计算机、IT产业就是最突出的例子，它确实给各行各业带来了新的发展契机，这点大家都有目共睹。但一项新技术的推广应用对于不同的行业不是一律平等的，它受到多种因素制约。各个行业想要发展，只能自己看准方向、把握机遇、并同相关部门协调配合，不能不顾条件和后果、强行单科突进。这一切现在有一个概括的说法，叫做"科学发展观"，讲求发展的协调和可持续性，其中自然包括发展的节奏，也就是"零增长"理论的精神。所谓"零增长"，核心不在增不增长，而在避免盲目性，注意增长的条件、成本和代价。在这个意义上，"零增长"理论完全应该被纳入"科学发展观"中，以强调需要掌握发展的步伐和节奏，做到有张有弛，尤其要注重实际效果，反对表面文章，而其中的核心又是各行各业的技术关联。

财富的物理本性还影响到财产的继承制度，迄今我们都接受按血缘关系的继承办法，父母去世留给子女是天经地义。可这套办法对财富中的消费品（包括住房等贵重和耐用消费品）没有太大问题，而对于生产资料却越来越成问题了。因为财富的物理本性需要科学管理，而管理的知识和信息却不可能通过血缘关系自动继承，父辈是经济强人，子女却未必。假如企业、商店规模不大倒也无所谓，少东家接手后在市场中自行升降沉浮，可是那些关系国计民生、甚至世界经济格局的大型企事业，就该是另一回事了。

不久前世界首富比尔·盖茨和排名仅次于他的"股神"巴菲特都相继宣称要把自己的大部分身家捐赠给慈善事业，因为数目庞大，非同小可，引得人们议论纷纷，盛赞他们的义举和道德人品。盖茨的这种意向其实早在若干年前就已经透露出来，只有巴菲特稍微显得突兀。在下虽也肯定他们的决策，却并不十分惊异，并不因此把他们都当作圣人。相反，从财富的物理本性来看，他们的选择完全有其不得不如此的理由，并非单纯的慈善心肠使然。想想比尔·盖茨的几百亿美金资产，主要是微软公司（MICROSOFT）的股票，他因此是公司的大老板。生活用品，最值钱的无非是一栋举世无双的豪宅，价值约一亿美金，在他的全部资产中只占很小的份额。假如依照传统把全部资产转移到子女名下，那就要求其子女将来去接管微软，这便马上出现一个问题：合适吗？前几年，盖茨的孩子还小，根本说不上将来如何，就算教育良好，又给予充分的历练机会，也很难保证他们一定成才——适合管理微软的专才！美国和中国不大一样，中国父母喜欢安排子女的未来，尤其有了较大的身家之后，子承父业更被视作理所当然，相反，美国人多数认为子女应该有独立的爱好和发展。盖茨的子女也该有权选择自己的未来，未必一定是微软，因此，把财产都转入他们名下根本不是合适的选择，除非证明他们在 IT 产业方面和盖茨一样优秀——这显然很难。

　　从微软走过的道路来看，其实充满了荆棘和艰辛，即便有了机遇，也要正确把握才能发挥其作用。惟其如此方显出公司整体的素质，不说别的，光是接连不断被控告涉嫌垄断的官司就够烦心的。当然，更重要的还是技术开发、市场推广等方面的努力，那是全体微软人的功劳。同样，巴菲特号称股神，本事肯定不小，但他的本事再大也无法遗传，要让子女来操盘运作资本说不定三五年就赔个精光，个中利害本人岂能不知？这些情况说明，财产虽可在名分上按血缘关系继承，管理所需的知识却绝不能遗传，由于财富的物理本性，这必然产生矛盾，并影响财产继承的制度和方式。单是对盖茨等人进行道德赞美不仅失之浅薄，而是根本没抓住问题的本质，其实在下最欣赏的倒是他们关于社会财富只是由个人"代管"的思想。由"占有"到"代管"确实是两个完全不同的境界，其中不仅包含对社会财富由集体创造的肯定，而且也默认了财富累积过程中的各种随机性，所以财富的私人占有并不改变它的社会本性，这恐怕才是中国许多大款真正欠缺的东西。假如有兴趣不妨拿这个题目多做文章，肯定更有意思，而且别忘了考察这类义举的产生和社会文化背景的关系，说不定可能改变美国是"文化沙漠"的刻板印象。

"零增长"理论不仅提醒在宏观上要避免经济发展的盲目性，而且微观上也启发人们别当"钱串子"。财富作为生产的要素固然重要，却绝不是什么都可以用钱买来，钱可以买药，却未必能买到健康，可以买到鲜花、首饰，却未必能买到爱情，可以买到骄奢淫逸的生活，却未必能买来真正的幸福。还有一样重要的东西光靠钱买不来，那就是知识和技术。爱因斯坦绝不是钱堆出来的，当初他受聘于普林斯顿大学时校方给他每月一千美金的薪酬，他却说"三百就够了"。注意这个"够"字的分量，它展现了一个真正的智者对个人消费的态度。不少人就是因为"没够"才坠入罪恶的深渊的，正如《红楼梦》说的"因嫌纱帽小，致使枷锁扛"，何苦呢？现代心理学倾向于认为，性格在相当程度上决定人对幸福的感受。换言之，钱少点但性格好点可能会更快乐，所以除了努力挣钱之外也别忘了做点心理调适，千万不能顾此失彼。

# 七 结构和秩序：如何"解构"？

据说著名妇产科专家林巧稚早年在大学入学考试时曾经遇到一个突发情况，当她正在聚精会神地答卷时旁边的一位女生忽然晕倒了。怎么办？是继续答卷，不予理睬，还是救人要紧？在这紧要关口年轻的林女士选择了后者。当她把生病的同学送出考场延医诊治后，自己的考试自然耽误了。没有试卷成绩怎么录取？严格照规矩办事，她当年的入学希望肯定是泡汤了。亏得校方主管思想开明，注意到报考医学院的学生都应当以救死扶伤为己任，当天发生的事情不正是一次实际的考验吗？所以校方决定破例允许林女士单独补考，果然成绩优异，立即录取，使后来中国的妇产科有了一位奠基人。反过来，假如校方死守规则，不在考场完成答卷便不评分，更不能录取，顶多抱歉和敷衍几句，那么林女士肯定会有另一种命运。

这个故事提醒人们如何对待高考录取的规则，是死抠条文，还是具体情况具体分析，保持一定灵活性。规则是人制定的，如何规定肯定都有道理，既有实质正义（指制度的根本目的，对高考而言就是择优录取），也有程序正义（考试录取的步骤，以保证公平竞争）。程序正义必须服从实质正义，但两者有时并不完全一致。制度不可能完美无缺，因为实际情况千差万别，很难把一切考虑周全。林巧稚的遭遇显然就无法纳入制度，只能由主事者灵活掌握。假如认死理，硬说补考是破坏制度，有损程序正义，却不知在此特例中补考反而会弥补先前程序之不足，捍卫了实质正义（林巧稚不该落榜）。个中有个拿捏分寸的问题，过度灵活会使制度形同虚设，但一点灵活性也不讲，特殊情形下便恰恰会违背实质正义。犯罪学上常常遇到"理无可恕，情有可原"的困惑，呼唤某些特赦条例以适当减轻处罚，只是特殊情形太多，很难精确把握用刑的合理尺度。不仅执行制度有种种复杂情形，现实生活中的新鲜事物还层出不穷，要求不断打破旧制度，建立新制度，这就更不能胶柱鼓瑟、因循守旧，而务必要推陈出新、与时俱进。总而言之，规章制度、结构秩序不能不要，否则世界会乱套，却又不能僵化刻板，成为前进道路上的绊脚石。

人类社会不是人形动物的杂乱群居，它具有高度的组织性，方方面面都各有规矩。所谓"不依规矩、不成方圆"，正是靠着规矩才能使社会生活健康运行、协调发展。观察社会进化，从原始公社到农耕时代，从工业化到现代文明，历朝历代都以不同的规则和秩序作为其形态的标志。原始社会结构松散，集体狩猎是主要的生产

活动，却缺乏组织，一哄而上，一抢而空，呈现高度的
无序。农耕时代后期出现了手工业和商业，产生了城乡
差别。城市相对发达，生活内容丰富，规矩很多，农村
相对落后，规矩便少，以至乡下人到城里，不懂城里的
规矩，会被讥笑为"乡巴佬"。近代比较完整的社会结构
和秩序主要是工业生产带来的。工业中的劳动分工，一
道道工序互相衔接、环环相扣，一步出错后面便步步都
错，因此要求严格规范人的行为，这是造成社会组织性
的根源。在现代社会中，结构和秩序早已不再单纯，而
是由简单结构再搭建新的结构，变成复杂的多层次结构。
从技术到管理，从经济到政治，从现实生活到思想意识，
各个领域都有结构的层次过渡。甚至每个社会单元也有
自己内部结构的划分和运作的规程，权力机构、政党团
体、经济实体、学校医院，无一例外，许多甚至采取法
律的条文来组建，以强制约束人们的行为。

　　在外部世界结构和秩序不断发展的同时，人们内在
的思想观念也变得越来越"有序"，认识到越来越多的客
观规律性。技术的分工和协作是基于自然规律，经济管
理则有经济运行的规律，它们具体衍化为各种制度和规
则，使思想和行为逐渐趋于统一。科学不再是经验的堆
砌，甚至不限于个别现象的描述，而是越来越有系统性，
形成了具有内在关联的知识体系，逻辑严谨，不容许任
何自相矛盾。

　　这个进程很像绘画越画越像一样，不能不引起后现
代思想家再次倒过来想一想：这样的发展方向对吗？他

们显然注意到了任何结构和秩序都不能僵死和凝固，必须避免"超稳定"，所以思考的结果是提出了"解构"的概念，要把结构解体，或者"把统一的东西还原成支离破碎的片断或部件。其情形犹如一个孩子把父亲的手表拆开，把它拆成毫无用处的零件，根本无法重新组装"。"解构"的英文叫 destruction，从构词就明显看出它和"建构"construction 正好相反，如果结构和秩序需要"建设"，解构则要"破坏"。把完整的东西打碎、打散，这些话听起来是十足的流浪汉口吻，匪夷所思。

问题在于：解构针对的是什么？什么结构让他们最看不顺眼？结构打碎了又如何？首先可以肯定，这个主张针对的绝不会是家里真的手表或电器、家具、房屋之类的硬件，毕竟后现代思想家最多只是流浪汉，而不是疯子。是社会的政治、经济结构和秩序？那他们该是政治家、实业家才对，可惜他们不是。剩下就只有思想文化领域了，但这仍然有问题，关键是"解构"的帽子太大，而后现代思想家可能针对的顶多是些小概念，小的思想秩序，为人处世的准则之类，谁相信他们真有本事能把作为社会思想基石的那些大框架轻易"打碎"或"解构"？比如说，某些偶像是可以"解构"的，但你说打破对偶像的盲目崇拜好了，何必非取个"解构"的名字？作为思想家你很可能不愿受既有概念框架的束缚，但你得靠真本事去挑战，不能光会起名字。假如"解构"是指对待结构和秩序的一般态度，那谁也不能"将解构进行到底"，全盘否定结构和秩序，真要那样先就得"解

构"自己：人本身便是具有高度组织的物质。相反，假
如"解构"是指某些具体的结构和秩序，那何不一一道
来，笼而统之的"解构"使人不得要领，什么意思？

　　老实说，对后现代主义的"解构"主张在下最不理
解也最难以佩服，因其针对性和目的性都十分含糊，只
能高度质疑。拟定本节的题目不过是借它作由头来说说
结构和秩序或社会生活准则的来历，看看该怎么"解构"
才是正理。这自然非同小可，因为说到底，任何社会研
究都是围绕结构和秩序这个核心进行的。尤其在这个问
题上包含尖锐的分歧，细细道来，一百本书都不够，不
过讲个大概，则可粗略分作三种类型。最简单和直接的
来历便是认为规矩是人定的，是人与人之间的一种"约
定"，至少是权威人士达成的协议，然后要求大家遵照执
行。比如规定农民向地主交租，绝不可不交，否则一定
受罚。这个看法市场最为广泛，西方多数人都这么认为，
它叫"约定论"。实际是主张社会制度取决于人的意见或
"人心"，人想怎么着就怎么着，顶多有"独裁"（个别
人说了算）和"民主"（形式上大家说了算）的区别。
这个观点乍一看很对：干什么事不都是贯彻人的主张？
但其实非常浅薄，因为它不挖掘各种意见的"原因"，只
假定人人都随心所欲发表自己的意见，最多认为各种意
见反映了不同的利益。相信"解构"的倡导者也属于这
个类别，所以在他们的潜意识中结构可以"说解就解"，
有什么看不顺眼的就把它"解构"。

　　人们很快就看出了"约定论"或其他类似理论的根

本弱点，因为它不能判断约定得"对或不对"，解决不了各种规则的真理性问题。即使权威人士一致赞成或多数人拥护的意见照样可以出错。这使人逐渐认识到，人不能随心所欲想怎么着就怎么着，而是社会生活自有其客观规律。它们通过直接和间接的方式，甚至拐弯抹角反映到人的头脑中，才形成各种意见，并由这些意见去制定各种规则，规范人的行为。只有认识正确，制定的规则符合客观规律要求，人们才能在实际中取得成功，推动社会的进步，改善自己的生活，同时反过来印证这些规则的正确性。否则人们就会在实际中碰壁，使社会发展出现停滞、倒退。承认社会生活受客观规律支配是很大的进步，它称为历史唯物主义，相反，认为社会的发展只靠人的意志（约定或协议）操控和决定，没有客观规律的地位，则属于历史唯心主义。

　　客观规律的概念符合今天大多数人的认识水平，除了山大王式的人物，至少口头上大家都承认客观规律的存在。但在下却要斗胆指出，这个观念仍不彻底，因为要害不是客观规律是否存在，而是人如何去把握。通常是说，需要认真观察生活，分析历史，科学地进行总结和归纳，可是社会生活非常复杂，由于各种原因，你这么归纳，他那么归纳，仁者见仁，智者见智，造成大量所谓"意识形态分歧"，各种是是非非怎么说得清楚？于是又说，那就靠实践。然而社会生活的实践检验非常困难，因为谁也不能拿一个国家、地区的人民做实验。即使想做实验，实验的对象是人，别人不听你的，不照你的步骤行事，你的实验就吹台。事实上，社会机构推行新的政策、方针都带有实验性质，可是这些政策方针的实行没有不受干扰的，赞成的支持，反对的捣乱，实际是根据各自的利益和实力进行较量。推行一段时间，有人说好，有人说不好，也有人改变态度。但究竟是政策方针的设计不好，还是由于捣乱造成失败，谁说得清楚？远的不说，就说美国在伊拉克的"反恐"战争，能够"讨论"出一个一致的意见来吗？显然很难。

　　这并非说社会问题没是非，而是说弄清是非不容易，比自然科学难得多。自然科学家有什么见解，设计个实验，规规矩矩照着做，结果出来便清楚了，而社会科学却不行。社会科学的是非往往要历经整个的历史时代，需要若干代人才能委决，其间经常会出现反复。比如现在搞市场经济，计划经济的那一套总体上被否定了，但保不住哪天在某个局部地区它仍会卷土重来。这不是故意散布怀疑论调，而是说社会现象非常复杂，各种相反的观点或理论都可能找到自己的例证。苏联二战之前实行计划经济卓有成效，帮助它迅速实现了工业化，这个历史是永远不能否定的。那么有没有比较确切的历史结论呢？有！比如现在可以有把握地说，奴隶制度、封建制度都行不通了，但这样的结论显然太迟了，可谓"迟来的真理"，因为毕竟没有多少人仍在实行奴隶和封建主义，其现实性已经大大打了折扣。尤其是，真正导致这些结论的并非理论的争辩，而是社会本身的发展。相反，当代那些扯不清的问题，等水落石出，是非明朗，大家结论一致的时候，也多半时过境迁，失去现实意义，甚至被人忘却了。社会科学的是非单靠社会科学研究是很难"及时"解决的。

怎么办？在下冷静思考的结果是，这件事最终必须有自然科学介入。诸位一定奇怪：你昏了头了，社会问题自然科学怎么插嘴？对此高度质疑。但在下声明，这绝非开玩笑，而是认真的！最王牌的理由就是，人类社会是在自然界发展的基础上形成的，几十万年以前地球上没有人类，也没有人类社会，社会是经过"自然界演化"历史地形成的。因此所有的社会生活事件都可以"分解"：解析为自然过程。吃饭穿衣不消说了，上班坐车，那是物理运动，到单位生产，不管什么行业、工种，毫无例外，通通都划分为某些工序或操作步骤，也就是比较简单的自然过程。再说厉害点，连总统办公都可以分解，总统走进办公室靠的是肌肉运动；看文件需要照明，属于光学过程；和幕僚商讨国家大事，开会讲话则是声学过程。其中任何一项出错都会使事情受阻，比如灯光不亮，文件就看不成。当然，总统管政治，要紧的是谈话的内容，但"政治正确"先得发音正确、语法正确，胡说八道一通谁也不懂的话，可能政治正确吗？再说，制定各种政策方针绝不能乱来，需要有根据、有条理，合乎普通的思想逻辑。

这种分解无懈可击，只不过叫人一头雾水：把社会运动归结为毫无社会意涵的自然运动要干吗？想解决什么问题？原因无他，这是认识深化的需要：先由分解把社会现象带到"前社会"阶段，然后再考察社会的意涵如何经自然过程的组合产生。认识的历史表明，理解一种现象必须超越现象本身的范围，到更深的层次去寻找原因，化学、生物和心理，所有学科都是这么做的。物质的化学性质，金属、非金属、酸、碱、盐、有机化合物等，得靠原子的电子结构即核和电子间的物理相互作用说明；而生命现象则要靠"无生命"的物理、化学过程说明。这些认识的成就业已反映到医学上，过去看病很少化验（中医只会"望闻问切"），现在化验已是医院的常规。人体各项生理指标都有正常的数值范围，背景正是把各种生理现象分解为相应的物理、化学过程。这些过程不正常，生理机能出现紊乱，结果就超标。它可能指示器官的结构性病变，好像计算机的硬件出了毛病，程序运行就不正常一样。这里器官相当于硬件，生理过程则是运行的软件程序。找出毛病才能对症下药，实行治疗。至于心理现象，则显然离不开神经系统的解剖和生理学，情绪变化和内分泌的关系现在许多人都知道了，思考时的脑电波时下正是热门课题。如此等等，都雄辩地证明"分解"或"还原"确实代表了认识深化的方向。从这个角度看，的的确确需要一个"解构"，哲学上把它叫做"还原论"，比后现代主义含含糊糊的"解构"深刻得多。

　　社会现象已经那么复杂，还要再分解，岂不更添乱？没法子，因为社会行为归根结底受自然规律支配。不吃饭要饿死人，干活太多要累死人，通通是自然规律，它约束着所有人、包括政治家的行为。但还有更多的事情大家尚未留心，比如"日出而作，日落而息"，谁想过它其实是由万有引力定律决定的。国家最高管理层或总统核心幕僚的范围大小，十来个人还是百来个人更合适？由政治需要决定？不然，它在根本上受制于语音交谈的信息传递方式！太小不足以集思广益，太大则无法深入讨论，都影响决策，大家想想是不是这么回事。生产发展靠技术进步，技术革新改变生产中自然过程的结构，才能使新产品层出不穷。现在的传媒影响那么大，同样得益于先进的技术手段，办公室的自动化也一样，它大大提高了工作效率，取消电视和电脑人们便寸步难行。在商业活动中，竞争力说到底取决于产品的质量和用途（技术性能），而在军事上，每一项技术进步都会直接导致战略和战术的演变，导弹的射程和投射精度甚至关系国家间的力量对比和政治谈判的筹码。由于自然过程是一切社会行为的基础，这样的例子不胜枚举。

　　社会生活事件均可分解为自然过程的组合，但自然过程绝非胡乱堆砌就能构成具有特定意涵的社会生活事件。首先生产过程就不是杂乱无章的，工艺流程环环相扣，具有严密的组织结构，每一步都不许乱来，稍一疏忽便会出废品。社会的基本单元，企业、公司、银行、军队、医院、学校、政府，都有各自的组织和规章制度，代表它们的结构。制度不健全，结构被扭曲，就不能执行其功能。各行各业，把它们的活动内容分解到底，全部是技术结构组成的，从运作到管理，概莫能外。可以说，整个世界都充满了结构，没有结构便是混沌一团，世界无非就是结构的不断变化。这就看出将社会现象这种高级运动形态分解为低级的自然过程的确抓住了问题的根本。各个专门的社会学科，尤其新兴学科，越来越多地融入了技术的内容，目的全在寻找最佳的自然过程的组合，以提高它们的社会功能，它代表了认识深化的总方向。

辨认社会单元的规章制度属于结构或秩序是一个概念突破，它将影响整体的社会思想。结构有多种形式，核心是元素和元素间的关系。计算机有硬件和软件，软件结构指程序的排列，先做什么、后做什么，哪些事可以同时做，哪些事则要看情况（事情的发展）决定，这便是程序。程序结构是过程的时序、空间和逻辑结构。社会单元的办事规则、规章制度限定人的行为模式，在模式之间建立确定的关系。人的行为模式和机器的运作模式均可看作"元素"，排定人的行为规则和排定机器的过程结构本质上是一样的。下级请示上级，上级指示下级，总要请示在先，指示在后，指示如何办就如何办，相当于程序中的"条件转移"语句；课堂上老师讲课，学生听讲，提问举手，总是提问在先，回答在后，次序不能颠倒。当中也有些灵活性，例如存款可以用现金、支票、或者转账，但结果都是存款余额上升。死刑可以是砍头、枪决、上吊或注射，但都代表执行判决，属于法律程序的同一环节。在程序的执行中，甚至允许包括随机性，即调动集体行为的自发趋势，比如调高利率会吸引许多人储蓄，但究竟谁去储蓄却是随机的。在篮球运动中，没有任何两场比赛运动员的动作会严格相同，比赛具有高度的随机性，但结果都是分出胜负，而比分实际是一组随机数（严格说并不完全随机，因受两队实力限制）。注意各种随机过程同样属于社会行为。

　　结构有天然的，如原子、分子，有人工打造的，如房屋、家具。社会单元的规章制度是人订立的，属于人工结构。但关键是要区分"死"结构和"活"结构，前者如房屋、家具，它们如遭破坏不会自行修复，后者如生命体，则有一定的"自我治愈"功能。手上划个小口，过两天会自行愈合。下丘脑控制内分泌，有时会出现紊乱，算是结构破坏，轻微的破坏常可经自行调适不药而愈。所以"自我治愈"是活结构的本质特征。社会的结构和秩序，如生产的工艺流程或其他规章制度，假如出现混乱或违规，允许人们自行纠正，所以也属于活结构。自我治愈不等于一切全能治愈，手上划条小口可以治愈，脑袋打破、心脏穿孔就未必能治愈。低等动物的自我治愈能力强，蚯蚓切成两段还能重新接上愈合，人就绝对不行。

　　结构能否治愈需要满足适当的条件。前面讲美学时举过沙雕的例子，指出结构包含信息，结构破坏则信息损失，因此结构修复一定要把损失的信息找回来，同外界实行信息交换。人工修复时，须将人脑里的信息通过肢体动作再次送入沙堆。死结构之所以缺少自我治愈的能力正是因为它切断了和外界的信息交换，假如以适当

方式给它重新连接上外部信息源，输入信息流，也可能
将它"激活"，人工结构的修复都属于这种情形。学生在
教室淘气，破坏了课堂秩序，教师责令归座，重新开讲，
便是将教师头脑中关于教学秩序的信息输入课堂，实行
信息的控制，教师的头脑即是与课堂连接的外部信息源。
由此可以看出，活结构必须是"开放"系统，而且通过
外部干预对结构进行修补、改造是可能的。国家间的经
济、文化和思想交流，包括思想颠覆都具有这个性质。
只要能给系统输入特定的信息，实行信息的控制便可以
建立相应的结构。

　　这便把社会的结构和秩序问题纳入到热力学范围，
它提供了结构和秩序产生的普遍概型，给社会科学确立
了一个"演绎"标准，包括各个领域，直至政治架构。
现在绝大多数社会科学家都还感觉不到热力学的存在，
更不了解它的逻辑力量，只刚开始借用它的名词，如用
"熵"表示系统混乱或无序的程度，熵增表示结构破坏，
因而信息减少。这当然远远不够，不过社会科学的架构
早晚会被自然科学的概念逐步翻改。

　　活结构有两种类型，可以"起死回生"和不能起死
回生的，前者如生产的工艺流程，开工和停工相当于它
的"生"和"死"。电闸合上算开工，拉开算停工，上班
合，下班拉，不断往复于开工停工之间，就等于不断死
而复生。相反，人或一般生命体的活结构是不能死而复
生的，和前者的区别在于系统和外界有没有物质交换。
所有生命体，包括人，都有新陈代谢，人体不断生长和

发育，表示它和外界有物质交换，即在吃进食物排出废物之外，还通过营养吸收留下了部分物质成为身体的组成部分。生产线则不同，它虽然吃进原材料、输出产品和废料，却不留下任何东西，设想有什么工件或原料残留在机器里，只能引发生产事故。一般说来，生产完毕机器必须恢复原状，尽管会有少许磨损，逐步变得老旧，却绝对没有"生长发育"的问题。机器每一次的磨损应当可以忽略，必须积累到一定程度之后才能报废。

　　生产过程的活结构除了机器的固定动作（或排好程序的动作）之外，还包括人的操作，也就是人的行为可以作为结构的要素。看过卓别林电影《摩登时代》的人都知道，自动线上工人的操作已经变成整个生产流程的一部分，和机器的动作没有本质区别。由此可以理解，社会的各种规章制度规范人的行为，使之有序或成为一种结构，也是活的结构。只是必须注意，人的"创新活动"不包括在内，因为如何创新不能排出程序，没有固定结构，也就不能按部就班进行，这类活动也有步骤，但步骤不组成固定的花样。

　　各种活结构热力学上有一个专门名词，叫"非平衡定态"，也叫"耗散结构"，意思是有能量的消耗，因为这类系统需要同外界进行信息交换，也就必须伴随相应的能量过程。机器开动需要能量是不言而喻的，人的活动，无论脑力和体力，也需要能量，来源主要是从食物的化学能转换得到的。

　　认识了社会生活中结构和秩序的本性就该知道，社会进化和生物的进化一样，都属于"结构突变"。生物的多样性完全是因为有不同的基因，归结为不同的 DNA 分子。物种进化从 DNA 分子的改变开始（称为基因漂移），环境则从各种改变中选择具有优势的物种，使其通过遗传保留下来。社会进化与此十分类似，技术革新随时进行，相当于基因漂移，它给出许多新产品，而市场则挑选那些最切合需要、适销对路的品种。新的工艺要求改变劳动分工、产业构成，进而改变经济和其他规则，规则本身也有多种选择，但只有行之有效的才能坚持。不过生物进化和社会进化也有实质的区别，生物界中，选择的主体是自然界或环境，即所谓"自然选择"。社会活动却受人的意志支配，人有自主选择的能力，因此社会实行的是"自主进化"，它比物种进化快得多。人类社会有记载的历史不过几千年，而生物进化则经历了几十万年。这是因为在自主进化中大量不是最佳的方案在思考中就被排除了，毋须付诸实行，少走了许多弯路。可以说，自然界创造人类这样的智慧生物，就是为了加速自然界的进化。结构和秩序表征着社会形态，它们的变化相当于从一个非平衡定态到另一个非平衡定态，其间需要经过"不稳定过程"，即旧的结构和秩序尚未完全消除，而新的结构和秩序尚未牢固建立，存在许多灰色地带。这类过程科学上已经有了许多理论的分析，只是尚不为社会科学家知晓，更谈不上将它们用于认识社会现象，还有待各方面的努力。

　　结构和秩序不能僵化，但过渡到新的结构和秩序不是靠"解构",而是靠不稳定过程。解构应当是指现象的分解形式,即把高级运动形态还原于低级运动形态,最终还原到基本的物理、化学过程。后现代的思想家不懂科学,妄言结构和秩序,看得出他们在这些方面还是一脑袋浆糊。只有把社会的结构和秩序的产生纳入热力学的概念框架,才能使它和自然科学真正接轨,从而奠定社会思想的坚实基础。

# 八　从"我之为我"到存在主义：灵魂

　　这个话题有些神秘色彩，需要先解题，什么叫"我之为我"？"我"不需要解释，就是指每个人自己，而"为我"中的"为"是"成其为"的意思，用"之"字连在一起，"我之为我"就是要研究、考察"我为什么是我自己"，或"我何以成为我自己"。类似的结构，如"国之为国"，套过来便是"一个被叫做国家的对象（或实体）为什么是一个国家呢"？"国家之所以成其为国家是因为……""之"在这里是"之所以"的简约形式，因此整个表述代表一个提问。这个提问最初是从揣摩"自我"的心理环境开始的。有人在百无聊赖之际，偶然照镜子便一下想到：我为什么会是"这个"样子，不是别的样子呢？别人被蚊子叮了，只有他感觉搔痒，我却没什么感觉。反过来也一样，我心里惦记什么事情，酝酿什么意见，除非说出来，别人无从得知。个人的喜怒哀乐都藏在自我的"心"里面，外界发生什么事情，不同的人感受是不相同的。痛失亲人，自己有切肤之痛，外人却可能毫不相干。一件事情,大家看法不同,我肯定最清楚自己的意见如何有理,别人却未必明了。从个人的感受、个人的需要、个人意见或决心,很容易归纳出"自我"的概念来,而且与他人界限分明,不经过外在表达,和别的头脑不能从"内部"直接沟通。

在下刚接触这个话题时曾经想到了笛卡儿,他的"我思故我在"应当是自我概念的最初萌芽。这句话用个体的行为(思考)来证明行为主体的存在,而这个主体不是别的,就是"我"。尽管这个"我"的内容并不丰富,只限于"存在",但它是一切其他特性的前提。按照这个逻辑,完全可以说"我痛故我在","我读故我在",任何个体行为甚至个体的感受都能作为个体"存在"的证明。

缺少科学解释的"自我"很容易引起神秘感,导致灵魂的遐想。特点首先是"互相区隔",你是你,我是我。即使最亲的亲人也有一条不可逾越的鸿沟,不能共享体内的感受。一位伤心的母亲流泪看着沉疴的孩子,发出深深的叹息,愿意代儿受苦,甚至代儿去死,但谁都知道这是办不到的。自我概念的主要内涵是个体拥有自己的"意志",能对遇到的"当前事件"自主地作出思想和行为抉择。意志自由或抉择的自主性是自我概念的核心,因为现代科学尚未突破这个难点,人们至今仍然把它看作"灵魂"或与"灵魂"类似的东西。事实上,所有的灵魂或精灵都包含意志,能够自主地作出决定。人之所以有意志是因为"灵魂附体",人死之后丧失了意志则是"灵魂出窍"或"魂魄归天"。人希望自己的意志或意识永远延续，于是才有"灵魂不死"等。人在对事物感觉茫然或无法理解时往往生造一个概念来弥补或掩饰自己的无知，这在认识过程中是很平常的现象。比如当初不了解燃烧的本性，便设想燃烧物质包含某种"燃素"，生命现象未得解释便假定有某种"活力"。人的本事似乎就在命名，医生对疑难杂症不得要领，不明病因，也多半只根据症状取一个名字，比如"小儿麻痹"，谁能从这个名字看得出它的病理？当然命名不是毫无意义，至少能将未知同已知区隔，但命名对加深认识的作用很小，而且可能误导认识方向，"燃素"和"活力"都属于这种情形。灵魂的概念也是如此，不仅难得看出它的积极意义，相反，它在通常的解释中代表一种"超自然"的力量，与科学的概念明显背道而驰，可是在现阶段人们却对它无能为力。

讨论"距离产生美"时我们曾触及思维本性或意识的产生这个当代科学的前沿，用 DNA 双螺旋结构的发现者之一戴维斯·克里克的话说，它其实就是"灵魂的科学探索"。在下为此提出了一个"意志自由的选择模型"，和克里克一样，旨在以神经元和神经网络的物理状态以及其中进行的过程来解释一切，比克里克进一步的是，在下确认这个物理状态对应于人的知识和能力结构，因此可以通过信息存储或学习不断改变和扩充。现在知道，人跟人的差别主要不在脑细胞的总量和皮层组织，而在神经元像"变形虫"，不断长出一些"枝枝桠桠"，学名叫"树突"和"突触"。大量神经元集合在一起，每个都伸出若干枝枝桠桠，就像手拉手一样，构建出复杂的神经网络，神经元之间的联结便是通过电信号在这些枝枝桠桠上的传递进行。要害全在这些枝枝桠桠上，它真正记录了人生的历程，淀积了人的知识、经验和能力。科学家曾经解析过爱因斯坦的大脑，发现其中枝枝桠桠特别丰富，远远超过常人，佐证了这个伟大的科学头脑的智慧。由于遗传因素，人脑中神经元的数量和排列都大体一样，但长出这些枝枝桠桠后，哪怕从小一起、长大又做同样工作的双胞胎兄弟姐妹也会显示出差别。电视中就有这样的双胞胎姐妹嫁给双胞胎兄弟的故事，两对双胞胎都是一个沉稳，一个活泼，内部很容易分辨。事实上，即使双胞胎也需各自生活，不可能遵循分毫不差的人生轨迹，哪怕出生时神经元一模一样，后来生长的次级结构：枝枝桠桠也总有区别。所以世界上不存在两个知识和能力结构一模一样的人，也不能够对这些结构整体克隆，除非同时克隆全部生活的历史，那是绝对荒谬的。不过，毕竟头脑的解剖学结构基本一致，受同样的外部刺激后对应的神经元局部长出的枝枝桠桠也必须大体相似，构成类似的神经网络，以使人们能互相沟通、取得共识。

　　枝枝桠桠随着年龄不断增生，但须保持相对稳定，支持人的长期记忆或信息的存储。大家知道神经细胞和身体其他细胞的一个显著差别就是它不实行新陈代谢，不会老的坏死，新的替补。各种细胞最多七年就更迭一遍，寿命不能更长，所以哪怕一个三十来岁的年轻人也已经"脱胎换骨"四五遍了，父母最初赐予的身体早就荡然无存。惟有这脑细胞，大约出生之后六个月便基本长齐，以后就靠它们生活一辈子，不再更新，而到老年之后则逐渐萎缩、老死。可以说，神经系统作为人体的控制中枢，类比于社会的管理系统，实行的是官员任期的"终身制"。为什么要这样？就因为新生的神经元无论如何不能具有和原来严格相同的枝枝桠桠，用它取代旧的神经元将不能保持原来神经网络的联结方式，从而破坏原有的信息存储或人的记忆。如此更换神经元，人恐怕连娘老子都不认识了，实在无法想象。事实上，细胞更新依靠的是遗传密码，由细胞核中的 DNA 控制，所以死去什么细胞便长出什么细胞，不能死去肝细胞却长出横纹肌。可枝枝桠桠是后天生长的，人与人不一样，包含的信息不在细胞核的 DNA 中，因此不能靠遗传密码复制。

　　因为人的记忆与枝枝桠桠的生长有关，所以它不像计算机那样经读写一次便能完成，尤其长期记忆，必须在头脑中形成某种"永久性"变化。现在还不清楚记忆的机构，但绝对和枝枝桠桠造成的神经元之间固定的连接方式有关。简单说，头脑中与知识和能力结构对应的"物理状态"指的就是枝枝桠桠及其连接方式。个体意志的抉择形成必须经过信息加工，有如计算机的逻辑演算，主要是通过神经元内部和之间的电化学过程完成。信息存储决定加工中可以调用的数据，当然对抉择内容具有实质的影响。现在神经活动的分子生物学研究尚远未弄清相关的细节，在下更非这方面的专家，然而从普遍的物理原理来看，有两点却是万万不可动摇的。第一，针对"当前事件"采取的思想或行为抉择须是明确的判断，对应于在事件的输入信号驱使下形成的神经系统的"末态"（输出）。状态持续变化表示过程未结束，末态尚未到达，所以末态需暗含自身的稳定性，这对应于输出判断的明确性，或形成的意志不能犹豫不决。第二，末态完全由系统内外的各种相互作用决定，严格遵从因果律，不包含任何神秘的因素。毕竟说到底神经系统依然是物理系统，组成头脑的物质和组成世界其他任何部分的物质没有根本的区别。

"当前事件"可以是任何事件，例如肚子饿了，饥饿的信号传到大脑就决定是否吃东西。"吃什么"则是另一个"事件"，需要另一个抉择。但任何既定的抉择（吃不吃，吃什么）都必须体现为大脑输出部分的稳定状态，即成为定见，不再闪烁游移，才能称为末态。而且各种末态（对应不同的抉择）物理上一定可以区分。这些要求很容易用反证法证明，即不如是就必然和人的普遍经验或常识相违背。

这些在显微镜下看得清清楚楚的神经元上的枝枝桠桠及其内部进行的可测的电化学过程将流传几千年的"灵魂"概念彻底去神秘化，而且使诸如"本能"、"天性"之类的讨论不再抽象和空泛。诚然，神经元的数目极其庞大，其上的枝枝桠桠和其中的电化学过程更是无比复杂，似乎没有哪个人的思维能够"一目了然"地清晰和全盘把握，然而它们把虚无缥缈、捉摸不定的东西变成了实实在在的物质对象和过程，就是了不起的跨越和飞跃。原则上，这些数目庞大、变化多端的枝枝桠桠足以解释人的思想行为的个体差异，给每个特定的末态（思想和行为抉择）指出特定的原因。不过要了解，这个原因属于"前意识"阶段，主体自身是永远不能直接感知的。在心理层面上有意义的单元，如饥饿、疼痛之类都必定牵涉大量神经元的活动，是感官将信号传递到感觉分析器，再进入神经中枢或形成判断或抉择的地方（确切的解剖学位置现在还不完全清楚），所以人不能自己监控单个神经元之间的信号传递。不过，当把他人头脑中的类似过程作为外部的客观对象进行分析时，则是另外一回事情，不受任何限制。

现在科学家正在研究"意念控制"，把若干电极安放在头部，接受脑电波的图形让计算机识别，由识别的结果进行控制。这可不是什么"特异功能"，而是人人都可以办到的。实验的原理无疑是不同的意念，即不同的思想抉择会输出不同形状的脑电波，比如向上、向下、前后左右都不相同，而且因人略有差别。电波来自头脑中不同的枝枝桠桠和相应的电化学过程，携带很小、但绝不可以忽略的能量，它们由悬浮在细胞质中的所谓"线粒体"供应。意念控制目前已经取得初步成功，有望在不久的将来获得实际的应用，比如肢体受伤的驾驶员，但还保有清醒的意识，只消"想一想"，无需动手动脚，便可把车辆、飞机带至安全地带。这种用途当然很有实际意义，但它却算是比较简单的，更高级的是要"读出思想"，要求更高的"思想分辨率"，这在目前尚属科学幻想，但它理论上已不再荒谬。想象把什么装置往头上一放，人在想些什么便一目了然，立即识破阴谋诡计，再无所谓隐私，甚至知识也难以私有，该是何等奇妙！然而，这很可能是一把"双刃剑"，由此产生的利弊得失现代人真还不能预期。

　　从"自我"说到神经元的枝枝桠桠，明显已经跑题，毫无哲学味道了。哲学"应当"说得人似懂非懂，以考验人的"悟性"。假如钉是钉铆是铆，不容许半点游移，那只能是专门科学或技术，但这恰恰是在下希望的效果，因为只有这样才能无可辩驳地证明思维的物质本性，而对思维的研究原本是科学问题，和哲学不搭界，只是科学家一时走不到这一步，才给哲学家造成可乘之机。越俎代庖的结果是闹出"灵魂"、"天性"之类神神秘秘的概念，把人搅得稀里糊涂。更有甚者，哲学家在这个本不属于自己的领地喧宾夺主，居然把"思维对存在的关系"说成是"全部哲学的最高问题"，并由此分出"唯物"和"唯心"两大阵营。老实说，哲学家这样喋喋不休争吵一万年，对问题的解决也是毫无助益的。相反，真正要紧的是要弄清枝枝桠桠的生长机制和它如何影响神经元之间联结，神经元的内部过程如何决定外部脑电波的形状，信息存储的物理状态和人们可以理解的外部意涵，如石头、花草之类如何对应，等等。设想一下，当把石头的概念在头脑中的存储状态彻底弄清之后，谁还有兴趣再去争论它和石头谁是第一性、谁是第二性的？

这种对应代表了一个真正的"心理物理平行主义"，即概念的意涵（心理）同神经元和神经网络的物理状态之间的对应关系，本质上和计算机存储器的物理状态及其存储的信息内容之间的对应关系一样。十分重要的是，外部意涵的任何细微的差别均须在神经元的内部状态中精确反映出来，这代表着思想的分辨率，不光石头和鸡蛋的概念对应的存储状态不同，而且黑石头白石头、大石头小石头、花岗岩玄武岩，露出小尖角和没有小尖角的，只要概念上能够区分的，其存储的物理状态都照样能够区分。不仅是概念，对感觉同样可以这么说，痛觉和饥饿所对应的神经过程肯定是不同的，钝痛和锐痛、身体不同部位的痛也通通不相同，一个人感觉敏锐与否就取决于这方面的分辨率，它无疑存在依赖枝枝桠桠特征的个体差异。完全可以把这个"平行"或对应推广到整个心理过程，从感觉、知觉和表象，到概念、判断和推理，乃至记忆、联想、潜意识、情绪变化、应急反射等一切方面。现在距离这个目标自然还很远很远，但通过检测枝枝桠桠的生长和内部变化，我们确实看到了方向和希望，剩下的便是花时间去认真进行研究，主要靠科学家做实验，不靠哲学思辨，不靠空谈。

现在算是有了科学的依据来回答"我之为我"的问题了。"我"不是别的，就是各人头脑里那些独特的枝枝桠桠以及由此形成的神经网络，它代表各人的知识能力结构，是个人意见、意志的由来，也可叫"灵魂"。枝枝桠桠来自后天，这是人的可塑性的根源，也是教育和学习的前提。我为什么是"我"这样呢？那就要问"我"何以会长出这样的枝枝桠桠，这个问题只能自己回答，各人才最了解自己的人生轨迹。我的肉身，包括神经元是从娘肚子带来的，枝枝桠桠却不是，所以灵魂不能归结为"天性"。个体是思考的单元，"性善"、"性恶"都是自己的选择，不能笼统归之于父母，否则人人都不必为自己的行为负责。

　　将虚无缥缈的"灵魂"物化为头脑里的枝枝桠桠，能不能解释人的意志自由或意志的形成呢？这要借助一个唯象的"选择模型"，"唯象"是指无需考察枝枝桠桠的细节。因为意志的抉择对应于系统的末态，而任何特定的末态都是选择：是这个而不是那个。事实上，所有的判断都是在选择，花儿是红的，那就不是蓝的、黄的或白的。如果没有可选性就无需判断，也无需抉择。认识这点是一个很大的概念突破，因为通常把意志自由看作随心所欲，"心"是什么却叫人捉摸不定，现在由选择赋予它"统一的"外在形式，就把问题具体化，使人容易把握了。什么是个人意志？不就是某种意见、决定、爱恨、欲望、期待等么？它们通通得借助判断才能表达。什么意见？何种决定？爱什么恨什么？想要什么？期望什么？"心里"没有明确的判断便是连自己都不知道自己想要的是什么，可是一经判断便不能不进行选择。

　　这充分证明了选择概念的普遍性。不光是人，自然界、无机界和有机界，其活动通通都包含选择。达尔文的进化论有"自然选择"，说的是生物界；化学中"甲物质"同"乙物质"反应，不同"丙物质"反应，"丁物质"同"戊物质"反应快，同"己物质"反应慢，同样是选择；"基本"粒子中，A粒子同B粒子的相互作用强，同C粒子的相互作用弱，同D粒子没有相互作用，以及相互作用方式的细致区分，通通都是选择。还有物体的运动轨道是圆不是直线，结晶体是菱形而不是六角形，乃至光线明暗，温度高低，货物轻重，速度快慢，只要有变化，均可构成选择，而大千世界的本质特点就在于千变万化，幻化无穷。有了差异和变化就需要信息的概念，而有了差异和变化也同样需要选择，准确地说，只有选择才能实行信息的传递：不知道花是红的怎么获得花的颜色的信息？这就不难理解"选择模型"的深刻和地位了。什么叫深刻？深刻就是普遍，敢问哲学家，还有比"差异"和"变化"更普遍的范畴吗？

不仅如此，只要是选择，还能认定思维运动同样适合因果原则。为什么？原来，思维的选择和物理的选择一样，都遵从"变分原理"。这个名词许多人很陌生，其实它不过表达一种"最佳化"的要求。怎么算"最佳"？就是让某个量（数学家叫"泛函"）取极值（极大或极小）。平常物体受力作用后沿特定的轨道运动，那便是因为只有这条轨道会使一个叫做"作用量"的泛函取极小值（力学的变分原理）。数学证明，一旦设定了前提条件，表达运动规律的微分方程"解"是惟一的（因此物体受力后不会随便乱动），这表示给定了前提条件"最佳"也是惟一的：只有方程的解才使变分原理中的泛函取极值。惟一性定理保证了"一定的原因产生一定的结果"，前提条件（力和其他约束）是"因"，方程的解答（物体的运动轨迹）则是"果"。换言之，变分原理和因果律内在相通，是同一要求的不同表达，遵从变分原理就是遵从运动规律。事实上，物理学中所有的运动方程均可从变分原理直接推导出来。

在复杂的问题中，难以实行严格的数学计算，但基本道理仍然是一样的。人的任何思想和行为都有原因或理由，这些原因或理由说到底都是为了实现某种最佳化。设计要使指标尽量先进，成本则要降至最低；施工要讲求优质，工期则要尽量缩短。哪怕偷工减料，也是在做够表面功夫后拼命多捞好处。搞政治的想扩大影响，做买卖的希望多赚钱，用药要提高疗效，教书要使学生出类拔萃，演戏要广受好评，打仗要赢得漂亮，打输则要尽量保存实力，吃饭要营养可口，休息、娱乐也要努力讲求放松、尽兴。甚至一个人随便溜达都存在最佳化问题：或者是力图将等待的烦躁降至最低，或者是在稳定情绪以集中思考，等等。在下写作，从选题构思到材料安排，直到遣词造句，全是为了把道理尽量说明白。其实做任何事情都有一个效果的问题，效果使人获益，地位恰如数学中的泛函。做事有不同的方法，每种方法带来的利益或效果不一样，相当于物体运动有不同的变分轨道，泛函在每一条上的取值都不一样，因此有"最大利益"或"最佳效果"的原则,称作"广义的变分原理"。人的意志适合变分原理体现在它永远选择最佳,就像购物,肯定希望尽量价廉物美,相当于物体运动永远选择"作用量"最小的轨道!当然,这个"最佳"受环境条件等诸多限制,所以意志抉择实际是"条件变分问题",但这无碍因果律,不会带来无原因的意识现象。人们习惯把意志自由抽象地看作随心所欲,与因果律背道而驰,殊知"欲"的形成已然受因果律支配。

泛函是古老的数学概念,而现代信息论中却有一个更新的信息的"选择价值"的概念,它被定义为"将信息内容转化为现实的可能性"。将信息内容转化为现实,听着抽象,其实简单。工程有几种实施方案,实际采用谁谁就把内容转化为现实了,否则便没转化。遣词造句也一样,一个意思有不同的词表达,同样是用谁谁就转化为现实。采用的可能性高则选择价值就高,否则就低。按"精密科学"的标准这个定义有些含糊,因为"可能性"既不便实验测量,也没有普遍的计算方法或公式(特别简单的情况下可能给出计算公式),和概率的情形一样。可是从概念上分析,在变分原理中,只有使泛函取极值的变分轨道才是物理上真正实现的,而挑选这条轨道,使其实现,则是根据泛函的大小,所以看得出泛函本身就是选择价值,或者执行了选择价值的功能,两者纯属"二而一"。这点心得可以消除上面"选择价值"定义中的尴尬,因为它把问题转化为根据实际情况构造适当的泛函。在复杂情形下泛函难以实行定量计算,也没有具体的测量标准，但却容许近似估计。比如做事情有不同的方法，每种方法相当于一条变分轨道，它能获得多少利益或达成什么效果总是能预先估计的，否则意志便无法选择，结果是只有最佳的方案才能实现。这在生活中无疑是非常普通的事情，所以泛函啦、变分原理啦、选择价值啦，通通都不复杂，更不神秘，和日常观念完全吻合，然而使用这些抽象、概括性很强的概念却能把问题表述得更为精准。

　　思想活动是高级的运动形式，当思维认定某种抉择为最佳，形成了个体意志，这属于高端行为。在低端或内部则是在当前事件的信号驱动下神经元之间发生了复杂的物理、化学过程，实行了信息加工，使系统到达相应的末态。不同的末态对应于不同的抉择内容，表达不同的意志。枝枝桠桠是末态的载体，它足以解释意志的原因，即末态由输入信号（当前事件）、枝枝桠桠的结构（信息存储）、状态和相互作用决定，无需其他因素。既然辨认枝枝桠桠为人的知识和能力结构，也就容易理解"非这般学识不会有这般见解"，不同的人对同样的事件有不同的意见或反应，它表达了思维运动整体的因果性。枝枝桠桠的千变万化足以容纳亿万人的个体差异，因此，没有鬼迷人心窍，也没有神给人以任何启示，包括灵感、潜意识，都要到枝枝桠桠中去寻找原因。个中细节虽然极其复杂，而基本的概念框架，即外部的思想行为抉择来自内部的信息加工，却非常清楚明白。按照心理物理平行的概念，既然信息加工的物理、化学过程将系统因果地带到与最佳抉择对应的末态，而这些过程又都遵从自身的规律，那就可以认为高层次的广义变分原理是从低层次的基本运动规律衍生出来的。

发现人的意志受控于广义的变分原理是个重要的概念突破，它不再是抽象的"随心所欲"（注意"心"和"欲"都没有严格的科学定义），其形成必须经过最佳化手续，而最佳化则是在各人的知识和能力结构基础上完成的。这当然并不稀奇，因为神经系统具有物质本性，物质的东西都必须遵从物理的规则。需要强调的是，承载个体意志的不是神经元本身，而是它上面的枝枝桠桠。神经元的排列是一级结构，其生长由 DNA 直接控制，枝枝桠桠（和神经网络）则是次级结构，是后天形成的，其复杂性足以承载古往今来人的所有知识和能力。后面这点为认识"人"的本性提供了一定的科学前提，不再需要去瞎猜和胡乱假设。

在这个框架之下需要借助泛函或信息的选择价值的概念，因为最佳化由泛函的极值判定，这自然确立了因果律在思维运动中的地位。泛函或信息的选择价值并不抽象，可以辨认它们就是常说的利益、代价或做事的效果等，所以这套理论与"最大利益原则"的普通常识完全一致，可靠性很高。建立这个框架不是只生吞活剥了几个新名词，而是真正将问题纳入了一个科学概型，从而提升了研究的科学品质。不过问题还不算完，利益概念还有其他深层的含义，本书最后一节的标题是"真理和利益"，在下将改变视角，考察利益与社会结构和秩序的一般关系。结构不仅普遍存在，涵盖科学的各个领域，而且有其热力学性质，其中一大部分属于所谓"非平衡定态"，对应的结构称为耗散结构。因为热力学上只有"非平衡定态"适合充当目标状态（最后一节将解释，平衡态是死态，非定态则飘忽不定，不能通过信息的控制实现），所以每种利益都"必须"同特定的非平衡定态、或特定的结构秩序相联系。平常一说利益便令人想到权、钱、物、异性、风光……要是哲学家的思想也限于这个水准那就实在是斯文扫地了。

# 九　从"我之为我"到存在主义：
# 自我的发展和人的本性

以枝枝桠桠的独特结构解释人们思想行为的个体差异，以头脑内部的物理、化学过程解释意志的成因，这已彻底颠覆了神秘的灵魂概念，把它变成了实实在在的科学命题。尤其惊喜地发现心理活动满足广义的变分原理，与物理世界完全一致。这似乎有些"好得过头"了！可真正的行家不会随便轻信这一面之词，他们会审慎地独立思考，并质疑实际情形岂能如此简单。不错，在下的确跳过了许多细节。

选择模型的思路是把意志的形成与包含反馈作用的"自动机"的"输入—输出"模式相比拟，所以意志抉择的内容包含在末态的结构（输出）中，末态的形成经过了信息加工，依赖当前事件的信号（输入）进入之前枝枝桠桠的构造和联结（自动机本身的结构），这个框架应当可以接受。但自动机的活动或头脑中的神经生理过程，同化学反应依赖系统的温度和压强一样，不能不依赖所处的背景条件。而对于神经系统来说，它的背景条件要比温度、压强复杂得多，信息量大，且有各种关联，难以用少数物理参量表达。人脑不是一般的自动机，它始终联系着人体，随时接受内脏和肢体各部分的信息，控制它们的运动、生长和发育，对它们实施管理，灵魂和"躯壳"总是密不可分。有本科幻小说叫《陶威尔教授的头颅》，说的是教授被人谋杀后自颈部以下全部抛尸，只留下头颅通过外部循环供给营养得以单独存活——黑帮想利用教授的知识和智慧，而没有肢体的头颅容易控制。但就是这样一个光秃秃的头颅，物理上依然是一个开放系统，因为它依靠外部循环存活，不仅头脑在思考时需要消耗最低限度的能量，尤其他作为信息加工系统，必须同外界进行信息交换（接受黑帮指令，将思考结果报告黑帮）。这表示任何这类系统都不可能真正孤立：思维和生命一样属于高级运动形式，必须以低级运动形式为基础，头颅在物理上将永远是开放的。

人的头脑每时每刻都在大量接受各种信号，有来自身体内部各个器官的信号，也有通过眼、耳、鼻等外部感官传递的信号，所谓"当前事件"是指经"感觉分析器"筛选后，需要"立即"或优先处理的那一组，排定信号的优先度本身便包含意志的控制，代表个体的注意力集中在何处。事实上，许多信号并不到达中枢神经，只由交感神经控制，内分泌便是如此，人们根本意识不到它们。划分主次或处理的优先度，实行"分时"或"平行"运作，实际就是排定程序，和通常计算机的管理方式完全类似。一个人又冷又饿，进屋后顺手抓件衣服披上（因门口就挂有衣服），再开冰箱找食物，一共"顺序"和"平行"处理了两个事件，便是一个程序。这里的"顺序"是指解决问题的先后，而"平行"则是指在处理第一个事件（避冷）的"同时"，也对第二个事件（止饿）发出了指令：先忍一忍。这里的两个事件都不复杂，如果复杂则可划分为若干环节或过程，因为肢体的任何动作都能被分解，头脑是针对每个"瞬间行为"发出指令。证明这个瞬时性很简单，各种动作均可半途而废或即时改变，因为存在监控指令执行情况的信号反馈。所以当前事件只有当它作为整体看待时才显得简单，而划分为细节后则永远是复杂的，不过这点复杂性并不构成原则困难：凡是有意义的事件其信号都存在内部结构（不是单一的信号，而是信号的组合，自然有先后、时延等问题），一定可以经程序处理。通常的实际运动或劳作，身体各部分均须协调配合，因而需要神经系统的复杂的控制，输出都是包含一系列并行或具有特定时延、有条不紊的指令（意志抉择），同时实时地对指令的执行实施监管（反馈控制），纠错可以随时进行。

　　除当前事件之外，神经系统本身也会影响信息加工，因脑细胞可以处于兴奋和抑制状态，就像自动机可以开启和关闭一样。多数细胞处于抑制状态表示人在睡眠，可能对当前事件的信号毫无反应，启动不了信息加工。不过，在清醒和睡眠状态之间有许多等级：完全清醒、有点迷糊、似醒非醒，等等，它们直接影响"数据的存取"和逻辑判断，不完全清醒时有些信息会想不起来，某些要素间的联系会被忽略，这当然关系思考的结果。头脑同身体连接，身体任何部分的状态都可能牵扯到头脑。人会生病，而且有各种各样的病，有的疼痛难忍，让人难以集中注意。各种内外干扰还经常通过"情绪"表现出来，情绪是重要的背景条件，它和内分泌密不可分。愉快、紧张、愤怒、恐惧、乃至疲劳等都有相应的内分泌物质，许多属于激素类。这些物质如何参与神经过程正在研究之中，其机构早晚会弄明白，但影响却是无可争议的。各种作用于神经系统的药物，如致幻剂、兴奋剂、镇静剂之类，也会以不同的方式干扰信息加工（思考），影响末态或意志抉择的内容。针对各种干扰，主体会采取某些自控行为，如常见的"冷静"或"镇定"，就是为了屏蔽干扰，它们本身也属于主控意识或个体意志，也具有选择的形式。头脑本身的状态和各种因素造成的后果，无非三种情形。一、完全阻断思考，使信息不能或暂时不能被加工；二、各种干扰被基本屏蔽，思考顺利完成，"顺利"是指思考的结果符合本人的认识水准或既有的信息存储（没有可以自查的明显错误或漏洞）；三、干扰只得到部分屏蔽，虽然给出明确的结果（末态），但其内容并不完全符合主体的知识水准（如匆忙中造成的错误，清醒时可自行纠正）。需要指出的是，思考的结论或意志的抉择是否"正确"需要看它在付诸实施时能否得到预期的后果，这是最重要的实证标准。

　　影响思考的因素很多，不胜枚举，而且细节十分复杂，不属于哲学的范围，只能留给专家慢慢去研究。哲学需要把握的是，看看有什么因素可能影响选择模型的概念框架，使人不能把思想活动、意志形成作为"技术"问题处理。现在我们看到，各种复杂因素本身都在技术层面，无非是增加了问题的难度，而核心部分，即把人脑的信息加工作为具有反馈功能的自动机，意志的抉择实质上是反馈信号，丝毫不受影响。正因为如此，认知心理学才能将人脑的活动同计算机对比。某些深入的思考涉及人工智能的可能性，例如怀疑是否能够模拟人的"所有"学习和创新模式，仿佛只要做不到这点，智能中就会包含神秘要素，在下对此颇不赞成。须知所谓"模拟"无非是把模式程序化，当然只能对已知模式进行，但已知和未知的界限本身是不断变化的，怎么能先验地假定有原则上不能模拟的模式呢？事实上，把一切纳入"已知"的有限模式中，反而是哲学上不能接受的。为什么哲学需要坚持对思维本性进行"技术"处理呢？这是为了贯彻还原论思想，即高级运动形式是在低级运动形式发展的基础上产生的，不坚持这点必定掉进神秘主义的泥潭。在思维本性的研究中问题的"技术"方面就是基于分子生物学的神经生理学，目前主要是神经元内部和彼此间的电化学过程，但将来很可能纳入某些更"基本"的过程，包括量子跃迁，甚至大系统中的随机性（因为脑细胞的数量很多）。事实上，思想活动常常显现随机的特征，灵感便是典型，但随机性绝非神秘性，同样可以用科学或"技术"的方法处理。这些都属于当代科学的前沿，任务非常艰巨。与坚持"技术"路线的同时，哲学家也必须关注从生理到心理的过渡，认真贯彻心理物理平行主义。

这些新的概念不仅消除了超自然的灵魂的神秘性，而且给如何认识"天才"、"人性"、"自我"等常见的命题提供了新的视角。首先是排除了不经学习和训练形成任何知识和能力结构的可能性，或者说排除了天才！在科学昌明、信息爆炸的今天，"生而知之学而知之"的论争或"神童"的观念虽已逐渐淡出，但迷信"先天"或推崇"天赋"的仍然大有人在。问题是如何理解天赋？必须弄清的一个要点是人脑具有两重结构：一、神经元的整体配置，二、枝枝桠桠形成的网络。前者包括各个局部和皮层拥有的神经元总量和排列，它由 DNA 控制，属于遗传产生的生理结构，可以认为具有先天性质，但它的个体差异不大。后者的生长则不受 DNA 控制，不属于遗传，也就与先天无关，是它决定着人的知识和能力结构，因此完全排除了生而知之的可能。不过，似乎确有些能力像是"从娘胎里带来的"，比如新生儿都会吮吸，这难道不是先天的"本能"？其实这纯属语言的含混，因为枝枝桠桠的生长并非以婴儿是否脱离母体为界限，而是在神经系统发育的同时就已开始，所谓"胎教"就是基于这个事实。各种"本能"，从胚胎算起，其实都已经过练习，否则嘴唇的蠕动不会同饥饿相联系。必须看到，神经的生理结构与知识和能力结构代表的是两种"不同的"信息。生理结构的信息在 DNA 中，与枝枝桠桠无关（同样的神经元可以长出不同的枝枝桠桠），而枝枝桠桠及其网络的信息则来自"外部"，不仅石头的概念来自外部的石头，就是内省经验也同样属于外部：不在身体的外部却在神经系统的外部。各种器官的生长受DNA控制，而活动的进行（如胃何时消化）却不可能"先天"排出日程。所以，包括内省经验也不可能是与生俱来的。

同样的思路也适合考察人性及与之相关的问题。首先，所有关于人性"善"与"恶"的一成不变的假定将不再成立。经济学中有所谓"经济人"的假设，说人的"本性"都是自私的，社会生活的准则全在限制和引导这种自私。或许这个假设具有某些实用意义，却绝不具有事实的真理性。通常"本性"或"天性"都暗含不随人生轨迹改变的意思，甚至教育也无济于事，所谓"江山易改，本性难移"。这除非有DNA的依据，但自私的基因或遗传密码在哪里？根本没有。相反，从童年到成年人人都会有重大的飞跃，显示出很强的可塑性。尽管也有人个性特别稳定，"一贯"狭隘自私，其实仍有重要的变化，至少自私的手段会更趋于成熟。必须指出，自私并非简单追求个人利益，它有明确的价值判断，是指不当行为（损人利己、损公肥私）造成的选择倾向，所以不可能天生。假如非要说人的天性或本性就是自私，那大公无私岂不违背人的天性？当然，自私不是天性，大公无私也不是，自私与否需要具体分析，人与人有很大的差异。

　　自私的"本性说"有其认识论上的原因。枝枝桠桠的早期生长都从内省经验（饥饿、疼痛、冷热、疲劳等）开始，它们只反映个人的生活需要，信号来自体内，对意志形成具有某种选择优势（先满足自己）。但各人照料自己生活，吃饭自己吃，纯属自然和必要，谈不上自私。个体组成并属于整体，人只有维持自身的耗散结构才能从事社会活动，自私只是指在自己的利益和他人或整体利益发生冲突时，只顾自己而罔顾他人和整体，甚至损害他人或整体利益的不当行为。

　　内省经验虽然极其重要，不过范围却非常狭窄，远不足以满足人类存在的需要，因为一切生活资料只能从身体之外获得，尤其获得的过程需要依靠集体力量。所以人类一定要尽量掌握关于外部世界的规律性，即各种自然和社会的信息，才能使自己真正立足。这些知识由人们共享，但对于它们的理解和掌握人们却未必完全一致，可能存在个体差异。个体能够存储自身之外事物的信息叫做"全息效应"，"全息"不是"全部信息"，这个概念没有意义，谁能说出"全部信息"是多少？相反，人人都有若干关于外部世界的知识，有人多点，有人少点，有些比较准确，有些则不大可靠。相对于人与人的生理差别，个人信息的存储差异无疑要大得多。科学家、政治领袖和街头混混，身高体重差别不大，见识和能力的差别可就太大了。但即便如此，大家仍有许多共识，石头掉下来，所有的人，甚至高等动物，都会一致选择躲避。

　　全息概念使人想到莱布尼兹的"单子论",因为透过单子(独立的精神实体)可以窥测外部世界,当然莱布尼兹仅仅是瞎猜,当不得真,不过他不让个体和整体截然对立是值得肯定的。这清楚地表明,"自我"包含一个"悖论":"我"中有大量的"非我"(外域知识),"非我"才是成就自我的主要部分。存在主义把"我之为我"归结为脱离外部世界的孤立命题,把自我当作封闭和排他的"主观思想者",无疑是犯了根本的方向性错误。这种孤立的思想者其实只是一种"抽象的人",因缺少同外界的关联,只会采取"以我为核心"的思维定式。长期以来,各国都有以"道德的自我完善"作为提高自我品质或发展自我的主张,中国则一直提倡与社会实践保持一定距离的"修真养性"来打造所谓的"圣人"或"完人",至今在文化传承的名义下依然保持对圣人的某些盲目崇拜。① 相反,从自我的悖论看出,人的思想发展主要不是依靠发掘自我或内省的功夫(如"吾日三省吾身"),而是要大量接受外部的正确信息,并使其在头脑中形成合理的淀积(乱七八糟的知识堆砌不行,要构建知识的体系),不要自我封闭而要走向开放。当然这不是说不要冷静和独立进行反思,总结经验教训,而是说思

---

　　① 圣人相当于"半神",同样是把人神化。神道是超自然的,而圣人虽出身凡胎,却不同于凡夫俗子,"几百年"才有一个,并且必须经过特殊的修养,非常接近宗教的修炼。修炼的结果是成仙得道,修养的结果则是成为圣人。圣人的要害在于"圣言",是某些今人推理的出发点,自己说话没底气,于是便想方设法去绑架一位古人。

考的内容必须跳出自我经验的狭窄范围。

从信息的控制作用可以了解全息概念的极端重要性，人的发展首重是扩大关于外部世界的知识和信息范围，实行开放、教育、学习和实践（知行统一）的原则。培根早就提出了"知识即力量"的口号，中国也有"知书达理"一说，充分肯定甚至强调了教育和学习的作用，因为它们是扩大头脑中的信息存储的主要方式。各国的统计都表明，尽管教育不能杜绝犯罪，但犯罪率整体上随着教育程度的提高大幅度下降。当然，这里包含教育程度提高后使人易于在社会分工中取得分配优势等原因，但通过教育和学习提高人的内在品质，或对灵魂的改造作用仍然是不可忽略的。

知识、经验对人的素质和能力的影响常常被浓缩为一个口语中出现频率很高的"见识"一词，它是一个综合指标，有见识或见识高才能以宽广的视角来观察和解释各种事物。井底之蛙，理解能力有限，不懂事物之间复杂的关联，确实很难明白许多道理，所以谈话或争论时常遭人贬斥："瞧你这般见识"或"不与你一般见识"。这启示自私往往和"狭隘"有关，它不一定来自贪婪，而只是由于思想狭隘，除了自己对谁都不关心。按照枝枝桠桠的概念，假如他人或整体根本不在信息存储中占据重要位置，见识缺少一大块，相应的物理状态必然会影响其在各种当前事件中意志抉择的内容，从而实质地决定灵魂的性质。可以把各种自私都归结为一个原因，即对各种关联的认识和处理不当，尤其是忽略整体发展对个人利益的回馈。有一种习惯心理，即把个人从社会分配中获得的一切简单看作对个人努力的回报（钱是我挣来的），就包含极大的片面性。事实上，今天普通民众享受到的生活水准连古代的帝王将相都不可想象，而这种水准来自社会整体的经济和技术发展，不单是任何个人的功劳或本事。清朝开国皇帝的本事大不大？但他们看过电视吗？从前小学课本中有"千人糕"的故事，说的是一块小小的米糕，从种稻、磨面到加工，连同必要的工具，牵涉的人力恐怕连一千人都不够。这个寓言包含浅近的哲理，即由于生产的社会化，财富不论其占有状况都具有"社会本性"。身边任何用品，哪怕很少科技含量，也淀积着大量生产的技术信息。一枚小小的图钉，今天采用的金属与 20 年前就大不相同，硬度和防锈蚀都有重要的改进，它当然是由于冶金技术的发展。材料改进之后生产工艺也要改进，又会牵涉许多人。这证明了事物之间的普遍联系和相互制约，包括常常被人忽略的间接的远程联系。

正是由于对社会整体关联的感悟，位居当今财富榜前列的比尔·盖茨和巴菲特等人都称自己只是在"代管"社会的财富。这个"代管"的概念无疑道出了他们的见识和境界，因为他们清楚了解自己财富如何积累的过程，知道其中耗费了哪些个人心血和遭遇到怎样的随机性（机遇），它远较通常的"所有权"概念更接近实际：生不带来，死不带去，个人消费有限，其余不是"代管"是什么？

　　不管现在持"代管"见解的人如何凤毛麟角，它仍然提醒人们对财富的关注正逐渐由生活资料转向生产资料。因生活资料主要用于消费，而消费的个体化特征易于使占有的概念片面凸显，相反，生产资料主要用于财富的创造，重点在管理和使用，信息内容无疑要广泛得多。这进一步启示人们自私不过是社会发展中的"阶段现象"，其表现随时代变化，并始终与相反的、自觉以整体和他人利益为重的无私行为呈消长的态势。最早的"他人"只是后代，高等动物履行抚养子女的义务，同异性相吸一样，由生物信息控制，而经济发展则要求在生产和社会生活中进行全面的分工协作，它正是消除一切自私的"社会原动力"和客观基础。20世纪50年代，企业经济的兴起需要摒弃极端的个人主义，连美国也提出了"团队精神"的概念。当今的国际政治虽然继续奉行弱肉强食的所谓"丛林法则"，却也同时出现了全球化的趋势，还有"谈判代替对抗"和"双赢"等诸多新鲜口号，显示出时代的进步。在这种大环境下，虽不能完全克服自私现象，却也可能对它采取种种限制的措施。其实各种谈判不光是讨价还价，重点是要摆正某些关系，为此就必须真诚面对社会的各种关联，不能忘记个体或局部利益从根本上说只能通过整体的发展实现。看看当今世界，生产的社会化，信息的飞速传递，使社会生活各方面以及人与人之间的关联大大增强，地球已经缩小为一个"村"。政治、经济和科学文化各个领域，任何大事都需要采取集体行动，也更需要识大体、顾大局。从刀耕火种的原始社会到自给自足的农耕时代，经过工业化直到今天的信息社会，纵观人类的历史，显然这才是发展的主流。可以说，解决当今世界各种矛盾，无论利益冲突或文明冲突，核心都在正确认识和处理各种关联，理顺各种关系。假如在社会的各种关联越来越强化的同时，自我的眼界却越来越狭窄，肯定是站到了历史的错误一边。而要理顺各种关系，首先就要认识这些关系，所以问题依然回到知识或信息的层面，这就是考察思维本性问题的现实意义。

集体主义或个人主义是个老问题，以往的讨论只限于归纳，列举个人主义的危害或个人自由之必要，而这个问题的更高的视角则应当援引物理学中经常采用的"多体理论"，它是关于大系统（单个成员的数目不可胜计）中集体行为的理论。这显然适合于社会系统，因为社会正是由大量的单个成员组成。对人类社会采取"系统"或"自由人集合"的概念是当今两种社会观的分水岭，根本区别在于"集合"中不包含成员之间的任何关系，而在"系统"中则一切考察均须从成员之间各种现实的关系出发。毫无疑问只有系统的概念才符合实际情况，因为社会成员之间的的确确存在各种复杂的关系，决定着社会的结构和秩序，以及系统的运动和发展。社会最基本的原则就是人们的分工合作，否则社会立刻就崩溃。

多体理论的一个主要结论是个体的最佳抉择并不自动成为整体的最佳抉择，大量实际利益是从"协作"中产生的，比如新技术的开发，假如没有协作，由每个企业或个人单干，根本就不可能。因此社会的发展"不等于"各人分别的发展相加，这体现出系统论中"整体大于部分之和"的原理，它对个体成员之间存在相互作用和影响（即关系）的系统都一概成立。换句话说，每个人"分别"按照自己认为"最佳"的路线行走，这种行为从整体的发展来看却远不是最佳的。记得某个大国在二百年前起草的著名宪法中宣称，社会的发展是建立在每个人自由发展的基础上的，个人发展了，社会就自然发展了，从多体理论来看这纯属误导。设想从原始社会一路走来，人类都只是自由地单干，谁也不管谁，可能有今天的发展吗？更可能的是，原始人要是不集体狩猎，不仅得不到所需的食物，自己早就被更凶猛的野兽吞噬了。

　　不过有种流行的观点认为，自私或人性的善恶并非知识或信息的问题，而是道德的问题，因为受过良好教育的依然有人犯罪。可惜这个理由只是表面的，它实际是在割裂道德和知识，为科学设立禁区，否定知识可能解决道德问题。事实上，知识即力量的口号不能笼统解读，而应当理解为不同的知识代表不同的力量，不仅是专门知识和技能，也包括个性、道德和精神，这才符合信息的控制原理。个性为什么与知识有关？因为它来自经验的积累，坚强和懦弱都不是天生的，都有形成的过程和原因，并最终体现在头脑中枝枝桠桠的构造上。无论道德情操和人格精神都可以这么说，道德高尚和道德堕落的人头脑中信息的存储肯定不同，道德的缺陷必然有知识的缺陷。教育和学习的作用都在改变头脑中的枝枝桠桠，但更重要的改变却来自实践，这是因为将意志的抉择付诸实施后可以遭遇成功或失败，信息反馈回来即属于经验的累积，并影响尔后相关的抉择，成功将受到鼓励，失败则尽量避免。这种经验累积可以导致选择的优势或劣势，改变原有的信息加工程序，培养出习惯、爱好和感情。它通过记忆淀积在枝枝桠桠的结构和联结方式中，改变头脑的物理状态。第十四节将稍微详细介绍爱憎或情感的产生机制，它和个性特征、道德情操和人格精神的形成是内在相通或一致的。这类问题同样接受深层的科学分析，最终仍然决定于知识或信息。

　　缺乏科学基础的"我之为我"过于神秘，难以真正吸引人的兴趣，新的存在主义只能改换命题，把哲学的任务界定为探讨"如何生活"。这是什么意思？说白了就是人不能枉活一世，要努力实现自我的"价值"，但存在主义的价值的判断不是着眼人对社会的贡献，而在能否张扬个性，显示自我的特殊存在。在这种观念下，外部世界不过是个人活动的舞台，天地万物只是台上的道具，一切为我所用。有些作家沉湎此道，把它作为一种"境界"，通过作品拼命地表现自我，把个人的喜怒哀乐、恩怨情仇，甚至酒色财气尽情渲染、刻画得淋漓尽致。这的确大大强化了"以我为核心"的思维定式，从深层去激发人的潜意识：谁愿白活一辈子而不去历经一番风光？然而，自我的价值提升必须走向伟大和崇高，使灵魂得

到升华，才能得到社会的认可。而一切伟大和崇高绝不
会来自自我的发掘和彰显，恰恰是对自我的"超越"。母
爱是伟大的，因为母亲们都把孩子放到了自我之上。爱
心是伟大的，因为爱的本质是奉献，甚至掏空了自我的
心血。英雄模范的无私或无畏当然更是超越，只有这些
才是社会认可的主流价值。真正的价值判断始终遵循利
益原则，不能带来利益的通通毫无价值，所以包括人生
价值在内，同样依赖于目标结构的选择，而整体永远是
更高的目标，高于任何自我价值的实现。这使在下坚信
不疑：集体主义最终必将取得理论和实际的优势，更能
征服人心。

# 十　消费的异化

　　"异化"一词曾经有过一些政治争议，许多人便尽量不用它，使它在哲学教科书中显得不够正统，好像一说异化便沾上了异端的怪味，有洁癖的自然唯恐避之而不及。不过近来似乎有些变化，这个词出现的频率逐渐多了起来，可见人们对它并不陌生。其实异化的本义与政治毫不相干，纯属中性，完全可以平常心对待，不必那么敏感。按照黑格尔的说法，异化不过是表示某种"从自身产生出来却反对自身的力量"。这句话的意思挺清楚：它是"反对"的力量，却不明目张胆站在自身的对立面，而是包含于自身之中，或者经自身演变而成，至少要借助自身的躯壳。这种从内部滋生反对力量的现象十分常见，例如人的蜕化、事情的变质等，可谓司空见惯。从这个角度说，异化其实是十分普遍的现象，根本不值得大惊小怪。正因为如此，在下先不讨论严肃的社会政治问题，如"权力的异化"，只来考察日常生活的小问题，比如人人都免不了的消费活动。消费怎么异化？

或许有人觉得怪怪的。

其实这一点不稀奇。讲衣食住行的"三段论"时曾经提到"物极必反"的道理，一样美食，非常好吃，于是不加节制拼命多吃，结果把肚子吃出毛病，就属于"吃"（重要的消费形式之一）的异化。分析一下这种异化产生的机制，吃的本来目的是为了果腹，消除饥饿感，而饥饿的深层原因则是身体的营养需求，所以吃到不饿，或者稍有饱满的感觉便该停止了。但为什么还要拼命多吃呢？这时的驱动力已不在饥饿，而在满足味觉的快感，所谓"贪口福"，因此吃的目的发生了变异。这个"目标变异"对理解异化的概念至关重要，它是产生异化的动因和必要条件，属于异化的本质特征，各种异化现象都必定具有。

就吃而言，果腹或满足营养需求是一种目的，而且是基本目的。但入口的食物味道不能太差，越可口越好，使人吃着舒服，这便附加了享受美味的目的，可称为"寄生的"目的。为什么两个目的一个"基本"一个"寄生"呢？因为营养不良会损害健康，甚至危及生命，一个人病恹恹的，连命都快没有了，还怎么享受美味？所以营养需求更为基本，常说饥不择食，饥饿难耐之时，难以下咽的东西，只要不立即中毒，观音土和草根树皮也有人往嘴里塞。药物的情况与此类似，它不是食物，但同样入口，服务于健康的目的，而药通常是难吃的。寄生目的当然离不开本体，因此异化总要同本体绑在一起，表现为从"内部"滋生，而非独立于本体，公然站在本体对立面的反对力量，这是异化不同于一般矛盾斗争的特点。尤其是，寄生之可能或被容许常常是因为它充当了完成基本目的的"手段"，是基本目的有求于它，所以有寄生目的不一定代表异化。胃口不好时在调味上多下点功夫，以增进食欲，既解饱又解馋，可以相得益彰，算不上异化。只有当拼命多吃以至将身体吃出毛病时，贪吃才构成"吃"的反对力量，才出现吃的异化。这时寄生目的盖过了基本目的，或手段变成目的、目的变成手段，造成"反客为主"或"喧宾夺主"的状况，而异化的产生正是和诸如此类的次第颠倒密切相关。所以，首先要有寄生目的，其次是摆不正两种目的的关系，以错误或不恰当的方式处理它们的冲突矛盾，造成两者的错位，才是异化的充分条件。

贪口福并非造成吃的异化的惟一途径，其他不健康的消费心理也一样。许多刚到美国的人士都曾听说过一个关于自助餐的笑话，问："人什么时候最难受"？答："吃完自助餐最难受"！的确，因自助餐不限量，有贪心者便吃到几乎走不动路，直到第二天肚子依然感觉饱胀，还可以再省下一顿早餐甚至午餐。这样自讨苦吃所为何来？目的全是为了"吃回价钱"，毫不爱惜肚皮。尤其原料价格昂贵的食物，像蟹腿之类，管它是否真的美味可口，更是绝不放过，恨不得花十块钱吃回一百块的价值。在这种小家子气的消费心理支配下，用餐时追求"物超所值"的寄生目的完全盖过了补充营养的基本目的，同样是造成异化的根源。另外，电视报导，西方年年都有人举办诸如吃热狗或吃汉堡包的"大胃王"比赛，限定时间之内看谁吞食得最多。为了争取这种无聊的"胜利"，参赛者都使出浑身解数，强忍巨大的不适，拼命往喉咙里塞，有的优胜者刚刚吃完便被送进医院。如此畸形、变态的"吃"显然更是异化的典型。竞赛的优胜是表面的寄生目的，但它背后常常还有商业宣传的更深层的目的。

寄生目的可以有"多重性"，原始目的之上首次的寄生目的本身还能有第二、第三等进一步的寄生目的。公款吃喝便是如此，这种吃喝的目的主要是拉关系、商业调情，实行餐桌办公，权钱交易，行贿受贿。显然，行贿的目的是"寄生"在追求吃喝的"快感"目的之上的，假如"吃"和拿刀子割肉一样使人痛苦，那就绝不会有请吃请喝。吃喝的快感是寄生在满足营养需求的基本目的之上的，是首次的寄生目的，行贿则是第二次的寄生目的，是基于吃喝的快感，所以快感是行贿的手段（当然还有食物的价值也是手段）。看得出来，越是高级的寄生目的实际上反而更重要，它在"反客为主"后完全掩盖甚至消弭了原来的基本目的，把它变成实现寄生目的的"手段"，这是异化现象的一个显著特征。

不同寄生目的导致不同的异化，消费异化的另一种常见形式是"比阔"。现代社会以家庭为消费单元，衣食住行、老人小孩、男女双方、有病的和没病的等，都得照顾周到。各家的收入不同，负担不一样，消费水平也就因人而异。物质消费的目的本在满足人的生理需求，各家按照自己的条件精打细算过日子，搞好内部调节，没必要同别人攀比。可总有些收入高的，在生活舒适之外，还喜欢借高消费来炫耀自己，锦衣玉食、豪宅名车，似乎可以"证明"个人的地位和成就，把自我表现的心理需求"寄生"在物质消费的本来目的之上。尽管通过消费能够表现的自我内涵十分贫乏，常常被人看作低级趣味，但世界上就有这种低级趣味的人。至少在现代社会的思想水平上，贪图享乐的似未曾稍减，在潜意识中喜欢炫耀的仍大有人在，因此攀比之风难免会时不时地局部盛行。多少懂点经济学就知道，虽然个人掌握的财富应当和他的能力及对社会的贡献成比例，但实际上分配系统并不完备，尤其大系统中存在各种各样的随机性，两者间的关系受诸多复杂因素影响，并不如此简单，有能耐、贡献大的未必更有钱，反之亦然。

　　在消费活动中人和人不是不能互相比较，但要看比什么。有一类现象叫"关联"，专指不同个体的消费内容和消费形式的互相影响，促进"趋同"或"趋异"，它是造成时尚流行的基本原因。时尚是指产品的功能、色调、造型或款式的趋同性，相反则是标新立异，两者为并存和互补的关系。女士们出席派对时很怕"撞衫"，就是衣着和他人雷同，这被认为是丧失了个性特色，甚至引起不必要的联想。假如只限于物质层面，关联本属于正常，比如参照他人的用品选购自己的用品，它通常是有益的。可是一旦浸淫到心理层面，关联的性质就常常变味，比阔就属于这种情形，它满足的只是虚荣心。注意消费本来只是基于产品的使用价值，所以价廉物美最受欢迎，可比阔却不是，豪华气派、珍稀古怪、价值昂贵、仅供观赏的，反而更受青睐。比阔属于消费异化是显而易见的，因为它瞄准的是寄生目的，依靠的主要是产品的交换价值，注意交换价值同使用价值相比，也带有寄生性质：没有使用价值就是废物，同样不会有交换价值。

消费异化的危害明白易懂，它妨碍消费的基本目的。消费满足需求，各种需求的关系是结构性的，要有适当的比例并保持平衡，就像各种营养成分不可偏废一样。异化的一个经常性后果就是破坏健康消费要求的结构平衡。穿得时尚光鲜，却吃得一塌糊涂，造成营养不良，肯定不可取。但一般人收入有限，某些方面过度投入，其他方面就自然不足。比如为了买房，全家人节衣缩食，弄得各种开销全面紧张，究竟合算不合算，只有自己才晓得，有所谓"房奴"一说，它肯定道出了一部分人的酸辛。中国老百姓所谓的"会过日子"，主要含义就是量入为出、科学安排、合理消费，实际上都是为了防止消费异化的产生。

然而，消费异化的意义远不止于过日子。平常认为，消费分散进行，属个人行为，社会只能引导，难得管理，所以在政府的议事内容中，除了禁毒之类，一般不会讨论吃萝卜还是吃白菜的问题。这就无形中造成消费"轻于"其他经济活动的印象，曲解了它在社会生活中的基本功能，可能导致更严重的异化形式。那什么是消费的主要社会功能呢？必须弄清这点才能去考察它可能产生的寄生目的。这不能不追本溯源，回复到消费的最原始的定义。它其实很简单，首先是饮食男女，人吃饱喝足后舒舒服服地睡一觉，使精力得到恢复，才可以参加各种社会活动，也可以繁衍和培育后代。这些最普通的日常生活使生命得以延续：饮食延续现在的生命，男女则延续将来的生命。不仅是简单的延续，还希望有所发展，子子孙孙要比自己过得更好。从事生产就是为了获得各种消费品，给延续和发展生命提供物质条件，政治和其他活动则要促进经济繁荣。此外，人还有精神追求，科学知识、道德情操、文化娱乐各个方面都要丰富和提高，不可偏废。可以认为，全部社会运作的最终目标都是为了人类"身心"的全面和健康发展。这个概念叫做"以人为本"，意思是人从事任何活动都是为着人类自身，不是为了其他任何阿猫阿狗。人的发展是自然界发展的一部分，但人发展自己并非为了发展自然界，相反，自然界只是人类开发和利用的对象。

为什么？往深里说，就是因为作为目标状态的只能是热力学上的非平衡定态，而人体正是现成的最重要的非平衡定态（耗散结构），使生命得以延续便是为了维持这种定态结构，一旦这个结构解体，人就走向死亡了。注意各种精神追求也通通归结为思想结构，其中的信息证明它属于非平衡态，并可能转化为控制实际生活的程序结构。相反，人不能把握"自然界"的发展目标，因它没有确切的结构信息，无法通过控制去实现，一个局部地区的山河可以按照人的意愿去改造，但整个自然界需要搞成什么样子谁能说得出？

　　以人为本也可以叫做"人本主义"，不同于当年费尔巴哈和车尔尼雪夫斯基的人本主义，他们关心的是人的本性，搞了个"一般人"的假说，在人的生物性和社会性之间做文章，而在下强调的是"全部社会运作的目的"，显然更有资格采用"主义"一词。这个"全部社会运作"包括各个领域，从政治到经济，直到思想文化，通通是为了人的身心全面发展，舍此人还能给自己定下其他什么目的吗？在戏说历史的电视剧中，清代刘墉（罗锅）曾在乾隆皇帝面前对熙熙攘攘的人群现象，说他只看见"名利"二字（《史记》也有"天下熙熙，皆为名来，天下攘攘，皆为利往"之说），这种眼光曾被人赞美为"深刻"，而它在真正的人本主义面前却是多么浅薄和狭隘！注意以人为本的"人"是大写的人，代表人类整体。在这个意义上，社会系统整体上也是工具性的：人类群居只是为了通过分工协作更好地发展自己，否则大家各自单干好了。事实上，汉语中的"本"字除了基本、根本的意思之外就是"为着……"的意思，本着人道主义，就是为了实行人道主义，本着团结的愿望，就是为了达到团结的目的。以人为本就是"一切为了人"。有些研究者硬说"以人为本"是什么"人类中心论"的延伸，非得挂靠一个西方的理论才不显突兀，实在不够出息。人类中心论算怎么回事？人是高度发展的智慧生物科学上早有定论，今天还有谁会说阿猫阿狗比人更聪明？这个理论说穿了，根本就是一句普通的大实话，并不传递多少有用的信息。

　　相反，必须用目的论的眼光才能看出以人为本的现实指导意义。比如消费，就人的全面发展而言，它同其他社会活动相比不是不重要，而是非常重要，甚至更重要，因为在整个社会生活的大链条中它最接近人本主义的终极目标：经过一切努力获得了各种产品，得将它们恰当地用于满足身体和其他各种需要才能使人全面发展。中国老百姓常说"人生在世，吃穿二字"，这句话被看作是表现了缺少远大生活目标的小人心态，但它恰恰包含了劳动最后要"落实"到消费的意思。"吃穿"构筑人的身体，天塌地陷之时，一切都要往后摆，抢救生命，安排民众生活才是第一位的，经过汶川地震谁都懂得这个道理。在计划经济年代，生产的目的被异化为完成指标，而指标的制定则取决于政治需要，可以说和以人为本完全背道而驰。

　　这样诠释消费绝非主张人贪图享受，醉生梦死。因为人本主义的"人"始终是大写的。伟大和崇高必须越超物质的原生态、超越个体才能脱离低级趣味，但伟大和崇高绝不反对科学。存在主义强调精神追求，不满足于物质享受，这点值得肯定，不过它的精神仅限个人的存在价值，以自我为核心，因此太过狭隘和渺小。人本主义针对的是全体人类，所以不能把它片面曲解为"人道关怀"，甚至缩小为各种形式的自私自利。为了整体，有时不能不需要个体的牺牲，这也是人本主义的应有之义。

　　把消费定位在以人为本的主线索上，才能进一步研究它如何异化的问题。实现人的全面发展这个总目标需要依靠人自己，在这个意义上人既是目的性的，也是工具性的。人虽是社会的主体，却必须充当社会运作的"劳动力"，消费一方面满足人的需求，使人获得享受，同时也属于"劳动力的再生产"：恢复体力是产生当下的劳动力，生儿育女则是为了将来的劳动力。劳动力再生产的对立面应是人力的过度使用，比如忽视劳逸结合、安全保护而造成伤害。这类问题肯定存在，却不属于消费的异化，因为"过劳"并不"寄生"在消费活动上（玩得太疯娱乐至死则属于异化）。这是一个很好的例子，提示我们准确理解异化概念的重要性，尽管"过劳"现象中也存在目的和手段的次第颠倒。

　　主要的消费异化是在现行制度下，消费品需由消费者购买（用具有一般交换价值的货币进行交换），而购买即实现资金回流，使厂家和商家赚得利润，它对维持和扩大再生产关系重大。商家或厂家为了提高利润通常会大力促销，鼓励和刺激消费，而难得过问消费的目的：只要卖出就行。资金回流带来的利润通常称为"经济效益"，而产品的实际应用则是"社会效益"。两种效益"目的"不同，社会效益表示产品实现了它的使用价值，满足了人的需求，符合于人全面发展的目的。相反，人如果没有需求就不必从事任何经济活动，也无所谓经济效益，因此经济效益是"寄生"在社会效益之上的。

　　从根本上说，两种效益应该是一致的，经济繁荣创造出更多优质的产品当然促进了人类的健康发展。假如消费水平太低，民众生活困苦，劳动力会萎缩，而且购买力弱，厂家赚不来利润，经济也一定不景气。刺激经济的一个重要法宝就是拉动需求，鼓励消费，使资金快速回流以加速扩大再生产，带动其他事业。但两者也可能出现矛盾，处理不当，同样会造成严重的异化。事实上，经济效益可能寓含各式各样的寄生目的，尤其大量的利润由社会的基层单元或个体成员分散支配，很容易引发局部与整体的利害冲突，即片面追求本地区、本部门或个人的经济效益，而忘记社会整体的全面和健康发展。这不仅指基层，即使社会管理的高层也可能在两种效益之间失之偏颇，比如吸烟不利健康，却可能从具有此种不良习惯的人群赚取大量利润，至今烟草行业仍是纳税大户，是国家财政收入的重要来源。但吸烟的社会成本，包括诱发的疾病和由此额外支付的医疗卫生费用，得失之间未必有准确的估算。这岂能不影响相关政策的制定？

在激烈的市场竞争中，卖方促销的手段无所不用其极。除了铺天盖地的广告宣传，还挖空心思钻营合法和非法之间的灰色地带，部分商家甚至公然实施贿赂、欺诈和暴力，目的就一个：提高自己的经济效益。促销行为有个漂亮的口号，叫"消费主义"：购买便是一切，而使用是不消管的。它和国际共运中老牌修正主义者伯恩斯坦的著名口号："运动就是一切，而目的是没有（或微不足道）的"十分相似。这是典型的使手段和目的的次

第颠倒产生的异化情形。① 消费主义不光固守已有的消费
形式，而且绞尽脑汁推陈出新，以刺激新的高消费。五
光十色的豪华享受燃放人们的穷奢极欲，带来某些畸形
的繁荣，它所煽动和利用的正是部分富裕消费者的盲目
性。尽管富裕阶层人数不多，掌控财富的比例却不小，
实际上正是他们推动着消费的时尚和潮流，甚至创造文
化和神奇，美衣美食和其他高消费当然属于富裕阶层。
"流行"和"时尚"原非消费的内涵，单从产品的使用
价值衍生不出这些概念，各人按照需求和条件消费，没
必要攀比和赶时髦。这些概念完全来自消费的"关联"，
对消费主义起着推波助澜的作用。尤其高技术时代，产
品更新换代的周期大大缩短，新鲜花样层出不穷，旧产
品很快被淘汰。相当一部分人在追求时尚的风潮下，陷
入"购买—淘汰—再购买"的无休止的循环中，一些产
品购入后连碰都没碰就成垃圾了，造成大量社会资源的
浪费，而更迫切需要的消费者反而得不到合适的产品。
比如，一位贵妇可以拥有颜色、式样不同的几千双鞋，
款式、品牌各异的几百个手提包，它们的使用价值平均

① 手段不可能不带任何目的，相反，它可能用于多种目的，这才产生了
寄生目的的多重性。在正统的国际共运的理论中，工人运动作为斗争手段是为
了向资产阶级夺取政权，但伯恩斯坦赞成罢工、示威等街头行动则是为了增加
工资、改善劳动条件等当前的（寄生）目的，而漠视了夺取政权的根本目的。
政权能不能看作根本目的下一节再讨论，但许多人取得眼前的福利后即止步不
前，这在理论上是不能容许的。消费主义通过竞争赚钱也只是为了眼前的局部
利益，不是社会的整体利益。局部利益是常见的寄生目的，所以异化的动因常
常是局部和整体的矛盾。

而言其实很低。

这种异化的危害是显而易见的。市场竞争同时受随机性和非线性效应（穷者愈穷，富者愈富）的影响，随机性有使分配平均化的趋势，而非线性则促进财富的集中，两个趋势是相反的。因为市场机制不完备，它只有供求的信息，不足以产生全盘有效的控制，放任人人使出浑身解数，只会产生胜利者和失败者，绝不会使绝大多数人得到全面发展。相反，不对非线性效应实行节制将造成极少数人的垄断和绝大部分人的破产（通吃效应），这在资本主义的早期阶段便已得到证实。自发的商业竞争主要依靠各种策略的灵活运用，以技巧取胜，与正常的分配原则不搭界。正常的分配必须兼顾社会各个方面，包括对资源的适当回报和对技术优势的鼓励，不能单凭商业技巧。近年有所谓"成功学"躁动一时，口号是"三个月一百万"，性质也大体类似，都是靠头脑的灵机巧变，然而，财富分配岂能只凭商业头脑的"聪明排行榜"？

消费带动生产，进而影响资源分配，但单靠市场机制不能实现资源的最佳配置，竞争中可以人为制造物资的短缺，破坏供需平衡，或造成泡沫，导致经济发展中许多不必要的波动和异常，甚至触发危机。消费主义不能改善市场品质，也不代表真正的市场繁荣，它很少强化良性竞争，却往往加剧恶性竞争，对消费异化有推波助澜的作用。克服这类异化必须由社会组织，尤其政府机构进行有效的调控和干预，包括适当运用行政手段，才能保证经济效益不背离社会效益。因为不仅市场，就是整个经济系统都是不完备的。

消费的异化不仅影响经济生活，干扰资源和财富的合理分配，而且辐射到生活的其他方面。疯狂的促销加剧了商业竞争，使急功近利成为主要的思维模式，引起人心浮躁，出现所谓的"快餐文化"。在一种紧迫和高压的心理背负下，往往只着眼当前的情势，而忽略长远的目标和未来的走向，不能不影响发展的战略利益。更不用说，消费主义还造成一部分人好逸恶劳、精神空虚、玩物丧志，沉湎于纸醉金迷的生活，灵魂受到严重腐蚀，进而妨碍他们执行自己应尽的社会职责，最终损害的是社会效益。

消费的原意是在物质层面，补充人的体力消耗，但任何劳作都是脑体并用，劳作后疲倦的不仅是身体，也包括脑神经。恢复精力除了睡眠还需要休息和休闲，以某种文娱体育活动使神经得到放松和调节，这同样属于劳动力的再生产，可以称为"精神消费"。人们对休闲或娱乐各有不同的兴趣爱好，阅读、旅游、音乐、美术、体育或文艺欣赏等。和物质消费支持身体的生长发育一样，精神消费包含较多信息内容，有助于思维的培育，同样服务于人的全面发展。然而精神消费消耗物质资源，因而需要回报，于是也有"经济效益"的问题。各种娱乐形式都可能被商业化，并带来潜在的异化危险。如音像业者为了片面追求"票房价值"而大肆贩卖内容不健康、表演格调低下的节目，通过感官刺激等媚俗手段招徕观众和听众，尤其在青少年中广泛开辟市场，便属于异化的典型。另一个例子则是竞技体育，尽管体育的本意是锻炼身体，有益健康，属于正当活动。在其中添加一些竞赛内容以提高兴趣，类似于给食物调味，算作寄生目的也无可厚非。然而问题在于，为了这个"一较高下"却大大强化了训练，远远超出锻炼身体的实际需求，这便走向反面了。事实上，现在竞技体育早已异化为观赏节目，采取商业模式运营，拼命赚钱，根本面目全非。不少职业运动员弄得浑身伤病，退役时非但不是什么健儿，而是接近残疾，还有人直接猝死在赛场上。人们难道不该问一问：这究竟是为什么？可惜，现在亿万斯民还都陶醉在激烈的比赛中，急切盼望明星们有超常的发挥，多多打破纪录以寻求刺激，谁还在意他们腿上埋着几颗钢钉？就像当年围着拳王阿里呐喊的观众，谁曾想过他头部如此不断遭受重击将会罹患帕金森病，以至于后来四肢瑟瑟和步履维艰呢？

　　异化现象很容易纳入一种模型思考，目的和手段、社会效益和经济效益均可用来构建模型。所以，类似于文体休闲，也可以对教育、卫生采取同样的观察。这些部门的社会功能无需解释，它们其实也都可以和消费一样纳入"劳动力再生产"的概念框架，一个培训劳动力，一个"维修"劳动力。此外，这些部门都消耗资源，需要回报，也就有"经济效益"的问题，即办学校、办医院的赢利所得。另外，这些事业中也可能引进竞争机制。然而不要忘记学校、医院的基本目的不是为了"经济效益"或赚钱，所以绝不能把"产业化"的帽子随便戴到它们头上，将其简单纳入以货币为基准的"投入—产出"模型。任何系统都有输入和输出，但教育和卫生的输出主要不是货币，它们的"产品"没有如物质产品的可由市场即时衡量的交换价值。一个毕业生的社会贡献要用一生的作为来衡量，不在他走上工作岗位时挣多少工资。康复的病人也一样，他的贡献和生病时的医疗花费当然是两码事，还有文艺作品，其社会效果岂止是票房价值？

　　异化问题的特殊性在于，首先要把它同当面锣、对面鼓的矛盾冲突区别开来，否则异化就不能作为一类特殊的矛盾现象。其次，存在寄生的目的并不一定代表异化，只有当寄生目的盖过基本目的，成为喧宾夺主，损害基本目的才算是异化。因此它有个"度"的问题，必须具体情况具体分析。

# 十一　权力的异化（上）

　　在下用基本目的和寄生目的的次第颠倒来区分异化和一般的矛盾冲突算是个创意，是符合、扭曲或改进了原来的异化概念，也许见仁见智。但在下并不在意这点创新是否对得起黑格尔老夫子，而更关心它是否真的概括了一大类常见的实际情形，如果是，那它就站得住脚，有点意思，否则便只能算思想垃圾。前面之所以批评后现代主义的"解构"就是因为不知所云，比如"解构偶像"，直说打破偶像好了，何必故弄玄虚来个什么"解构"呢？须知偶像的要害不在其"结构"，而在对它的盲目态度。异化却不同，由于事物的普遍联系和相互制约，寄生目的经常存在，甚至有多重目的，反倒纯粹而单一的目的十分罕见，这就不可避免要分清主次，摆正不同目的之间的关系，可以相得益彰，可以一举数得，但也免不了发生次第颠倒、喧宾夺主的情形，所以异化虽不必然发生，却绝不是偶然间心血来潮提出的怪问题。

　　经过精确界说的异化与它先前的习惯用法完全一致，至少迄今尚未发现任何矛盾。如革命党的蜕变、人的堕落常常被称作异化，这是为什么呢？革命党的蜕变是指党的奋斗目标发生了转移，它和原先隐藏的寄生目的应当不无关系。人的堕落也一样，它是人生追求或目的的转变。所以新的定义更具体揭示异化的内涵，并未跑题。权力的异化也适合新的定义，其典型就是以权谋私等官场的腐败，其中当然包含利益目标的偏颇和转移。不过这个题目已经广泛讨论，像站在老矿井面前，能挖出新东西吗？在下知道做这个题目绝不能只骂骂贪污腐败就拉倒，所以必须把问题推到逻辑的尽头，从权力的定义说起，深入权力的本质，洞悉异化的可能变态。需要强调，这完全是一个"技术性"定义，具有高度的概括性，它植根于一种新的科学的社会观，可以重新审视当今流行的"民主政治"的概念，有不少颠覆性。

　　古代对"官"有一个生动的描述，曰："堂上一呼，阶下百诺"，这里"诺"相当于今天说"遵命"或清宫戏里太监的"喳"，都是顺从、服从的意思，它反映了官的"权威"或"官威"。现今社会的官想要摆这种架子有点难度了，但做官仍有底线，必须要下级和民众服从，否则便丧失了作为"管理者"的主要功能。官员外表可以客客气气，谦恭毕至，但意图却一定要贯彻，指令一定要执行。上下级或官民之间必须有权威和服从，"听你的还是听我的"万不可含糊，不然真的就"官将不官"

了。所以"官"的本质是要有权威，否则就不能管理，而权威的意思是指令（比别的指令）"具有更高的执行优先度"。注意最后这句话完全是现代计算机科学的语言，但它却适合广泛的现象领域，包括社会生活，这就是"权威"的技术定义。所以权威不是架子，而是指令的优先执行，这才成其为"官"的本质。有些庸吏只会装样子，其实被周围的幕僚糊弄，当面个个恭维，背后却拿他当草包，这种官显然是不合格的。据说有的国家被势力集团操控，故意哄抬出一个智力和能力都较差的总统，便于掌控，也属于这种情形。

　　为什么权威问题如此重要呢？因为它是系统整合的前提。这里的系统可指任何社会单元：公司、农场、学校、医院、军队建制、政府机构，大至国家，小至家庭，只要成员之间具有某种关系，均可称为系统。关系是系统的要害，其性质决定系统的性质或结构，经济关系是经济系统，政治关系是政治系统。假如系统的部分成员和其余部分毫不相干，它就可以拆散，分成单独的系统。人类社会为什么是系统呢？那是因为大家一开始就实行群居，一起狩猎、种植，靠集体养活自己。于今生计变了，但仍在一起过活，彼此有着千丝万缕的关系和联系。这个系统的成员很多，做起事来假如各是各的主意，相当于不同指令，不排出执行优先度，大家争先恐后只能造成混乱。互相冲突的指令是不能执行的，人不能既向东又向西，那只会叫人无所适从，啥都办不成，系统也就丧失功能。这意味着工厂停产、医院关门、治安混乱、民不聊生，严重性可想而知。因此系统运作最忌讳的便是管理涣散，丧失权威，好比头脑或司令部坏了一样。管理涣散的典型表现就是说话没人听，或政出多门，朝令夕改，严重时导致系统分裂，造成社会动荡，这对民众的伤害是致命性的。因社会系统的整体功能就是养活全体人民，使其健康发展，而"整合"则是其执行功能的前提，性命攸关，所以权威对社会系统是绝对必要的，否定一切权威的"无政府主义"万万要不得。这个主义是基于"自由人集合"的概念，在集合中，元素之间只消有共同的特性，却不必有什么关系。

但权威还不是权力，因为关键不光在谁的指令执行优先度高，而在谁能决定"优先度的排列"，必须掌握这个要害才算握有权力。显然不是谁都能掌权，必须满足特定的条件。什么条件呢？最根本的是你的意见或指令确实最有利系统的发展，符合大多数成员的利益，而且行得通。大家明白之后，相信它最高明，便心甘情愿服从你，你的指令便自然获得最高的优先度。否则大家听你的，你却将系统带入歧途，甚至搞垮台，岂不通通都倒霉？注意排列执行的优先度未必表示所有方案都有执行机会，因为先期执行的方案会造成特定的后果，改变甚至取消其他方案执行的条件，所以一般不可能逐一尝试各种方案，比如死刑的执行自然使一切免死的方案全部失去意义。这表示历史不能重来，社会过程具有不可逆性。

　　然而，尽管说服或以理服人对掌权、施政具有基本意义，却未必总是有效的。因为认识需要一个过程，不是每个人对任何道理都一听就懂，立即接受，而事态发展却常有许多转瞬即逝的机会，必须及时把握，来不得半点犹豫。且不说硝烟弥漫的战场，就是商业竞争和行政执法同样会有紧急事务容不得互相扯皮，因此权力必须有说服之外的其他"服众"的手段。由于意志自由遵从利益原则，权力必须把握足以影响个人切身利益的要素，如财富、暴力和精神鼓励才能促使其改变主意。运用这些要素的基本形式是"奖"和"惩"，衍化为各种具体的规则、条例、纪律，乃至法律。照办且卓有成效的给予奖励，违抗、阻挠且后果严重的则给予惩戒。奖惩都是以附加利益的形式进入思考，影响个人的抉择，在说服之外实行"压服"和"诱服"。为什么奖惩只称作"附加的"利益形式呢？因为执行正确的指令应当给系统、包括个人带来最大的利益。假如大家思想一致，自觉地各司其职，协调配合地运作，本无需奖惩。只不过认识有偏差、有先后，才不得不采取这种"额外的"手段来加速思想的统一、行动的协调。既然如此，奖惩绝不能代替真理的认识，"说服"永远较"压服"或"诱服"更基本。这是就权力构成的逻辑顺序来说的，而实际取得权力最初都靠暴力：原始人是拳头、石块，后来是武器和军队。私有制形成后又逐渐靠财富占有，因财产按血缘关系继承，厂主的儿子自然是厂主。只是到近代，随着系统复杂性增加，管理的信息基础扩大，优秀的管理人员才显示其重要性，出现了董事会和总经理的分工，使财富的占有和支配部分分离。为什么会这样？就因为管理要靠信息，信息不能遗传，把微软公司硬交给比尔·盖茨的子女？谁敢呢！

权力是为系统的整体运作设置的，负责整合，所以遍及整个系统，不限于某一部分。"整合"的意思是协调各部分的关系，使其互相配合，以执行系统的功能。假如做不到这点，就会损害系统的结构，严重时将导致系统解体。这意味着权力的正常运作必须"一元化"，"天无二日，国无二君"，虽然接受监督，却不容许干扰，干扰就是对权威的破坏。不过，权力既然享有权威，也必须超越于局部之上，服务于所有成员，不能偏颇。这表示权力的本义就姓"公"，或称公权力，并且本质上只是一种手段，不能作为根本目的。可是对于管理者个人而言，他本身仍是系统成员，也要从系统的收益中通过合理分配获得自身消费所需的一切，这就引进了另一个利益目标：个人自身耗散结构的目标。由于这个缘故，管理者可以把执掌权力作为谋生的手段，使管理或做官也成为一种职业，所谓"千里做官只为财"，从而出现了形成寄生目的的条件：把个人目的寄生在整体上面。注意寄生目的并非不正当，无论官民都要生存，都有获得自身消费所需物质的权利，总统也要吃饭，关键是分配要合理，要遵从适当的分配程序。按照异化的定义，所谓权力异化或以权谋私（包括权钱交易）只是指寄生目的超过基本目的，发生喧宾夺主的情形。

合理的分配标准不是平均主义，而是有利于整体的生存和发展。不过人的基本生活需要差别不大，这是导致"均富"概念的重要理由。所以，假如分配过于悬殊，造成部分成员的生活远低于平均水准，经济学上称"基尼系数"过高，对整体发展不利（生活困苦影响劳动力的再生产）。现代社会的管理者均按制度进行分配，不直接面对市场，主要国家都禁止官员经商，参与竞争。假如利用职权破坏分配制度，为自己或同伙谋取超额利益，那就是贪污。但制度本身并不永远合理，制度内同样可以使人超额获利，却完全合法。可见权力异化绝不只有传统的腐败，更重要的是戴上政策的"白手套"，利用灰色地带公开实行。

如此学究气地讨论"以权谋私"似嫌啰唆，但在下却借此悄悄引入了一种与现在流行的概念根本不同、不依赖授予形式的纯客观的权力观。流行的概念是说"权力是人民给的"（主权在民），可是在一家公司你能说董事长的权力是员工给的吗？当然理论家会立即纠正：那是指国家的政治权力，但这至少表明流行的概念缺少权力的统一标准。为什么说国家权力是人民给的呢？它正是基于上面说的把社会看作"自由人集合"的社会观，自由人自由散漫，却都有"天赋人权"，大家聚集一起组成"国家"时需要有某些"公约"的约束，不许乱来，以保证社会生活的秩序。公众事务都委托给官员管理，所以他们是"公仆"，但公仆不许随便当，要经过一定程序（选举）。这些话很好听，大家都习惯了，称得上是现代"民主政治"的主要理论基础，然而在下却要冒天下之大不韪断言，它们其实毫无根据，纯属假定，科学上并不可取。

"自由人集合"的致命弱点首先是它有悖于历史，奴隶和农奴肯定都没有参与公约的制定，一切规则都是别人强加给他们的，能以"自由人"自居的只有新兴的资产阶级。更重要的是在理论上这个假设毫不涉及人们之间现实的社会关系，从劳动分工到各种政经关系，啥都不包括，根本没有产生管理信息的基础，除了享有"自由"之外，别的一概不知。这种"自由人"完全是抽象的人，他们来约定社会生活的准则只能随心所欲，毫无客观标准。现实的人思想是发展的，从小到大都有逐渐成熟的过程，怎么可能"约定"出稳定的准则？"自由"一词原是反对社会压迫的斗争口号，以争取某些基本权利，含义非常具体，后来却被抽象化和优名化，作为摆脱社会约束或义务、甚至为非作歹的借口（"自由自由，多少罪恶假汝之名而行"）。其实人人都要吃要喝，哪有什么自由？小孩子念书，大人做事，有各种家庭和社会责任，谁是真正自由的？你我互不认识，却在同一市场购物，你出价高，立刻就限制了我还价的自由。物理上的自由代表不受外力作用，必须断绝和外界的全部关系，这种孤立的个人只是存在主义的痴语，与现实生活毫无关系。有人说自由就是可以随意选择自己的生活方式，这也早被破解了，事实是每个人生下来都面对一个现成的制度，各种规矩早就定下了，你可以适应，也可以改变，但改变则必须付出努力，岂能随意选择？任何自由都有具体的限制，例如言论，它明显是有界限的，公开的言论都有言责的问题，因为公开发表即汇入社会的信息流，可能影响社会运作，怎么算"单纯的"言论？在现实社会中，凡见到的都是各司其职的社会人，哪有什么"自由人"？阔少在海滨游乐，自由自在，但也得看住荷包，不然马上就不自由了。

　　"自由人"的概念只采认了个人是思考单元，能独立形成意见的事实，撇开了意见的内容，因而不包含具体信息，无从判定意见的现实性及真理性。这样的"自由人"只是抽象的人，与"人的本质是社会关系的总和"论述方向完全相反。至于"天赋人权"更是荒诞不经。"天"是什么？是上帝还是大气？这样的"天"怎么能赋予人的权利？赋予多少？赋予哪些？那只有"天晓得"。如果说"天赋人权"的意思是指权利是与生俱来，无需证明的，那它同样是一个理论软肋，既然不能证明其正当，也就不能指出其限制，不能具体界定的权利还能是什么权利？权利和义务是统一的，都随社会的基础发展，不从社会现实中寻求它们的界定，靠"天"能解决什么问题？说穿了，"天"在这里只是无知的遁词，毫无科学意义。

　　"公仆"的概念很有迷惑力，因为作为某种约束官员或官员自律的要求，它的确具有一定的实用价值，人们也真能见到鞠躬尽瘁的官员。尽管如此，它在理论上仍然不足取，因为不能定出"公仆"的具体标准，更不可能让"公仆"事事听命于公众，公众的分散、甚至互相矛盾的意见恰恰需要管理者的分析、归纳和引导。其实管理者就是管理者，理所当然享有应分的权威和权力，可以光明正大要求个体成员服从，用不着客气。要害只在管理者所有的抉择和指令都只能维护和发展系统的整体利益，并兼顾个体成员的正当权利，不能偏颇，更不允许以权谋私，因此必须接受监督，并遵从优胜劣汰的普遍规律，做不好就换人。

产生"公仆"的程序或"普选"被说得很神圣，不仅是划分"民主"和"专制"国家的分水岭，简直是"民主政治的最高境界"。但在下冷眼观察，它不过是一种决策形式：大范围的集体决策。可是决策正确与否不在人数多寡，而在于决策内容是否真能给系统（社会）带来最大的利益。但凡决策正确，管它多少人参与，哪怕只由一个人拍板（独裁），也无论本人是否投票，在下都照样拥护。而要决策正确，要害是相关信息基础必须"完备"。这不奇怪，因为有形式逻辑的充足理由律，它源于普遍的因果原则。意思是，做任何事情，能否做对全看理由充不充分，理由不充分便是盲目行事，瞎做一气，当然难免出错。相反，把一切考虑周全，一步一步做下去，便会得到预期的结果，这就是一定的原因产生一定的结果的因果律。当系统复杂性增加之后，实行控制需要更多的信息，须专门学习才能掌握，各种信息就逐渐"专业化"，变成只有少数人真正掌握的"专业信息"。专业信息并不神秘，不过社会分工不同，人们一般没多少功夫去理会本职工作之外的其他领域罢了。物理学的规律对不对只有少数物理学家根据事实说了算，从来不靠表决，各种研究开始都几乎与众人无关，而一旦投入应用，却完全可能影响整个社会。

专业信息的概念足以颠覆现行关于权力的种种假说，包括普选设计。因为正确性或真理性对于权力具有实质意义，那么一切不称职、图私利的权力均属瞎指挥和胡作非为，不论经过多么严格的程序，世袭或选举，都没有正当性，从历史角度观察，均不可能长久维持。另一方面它也启示我们，所谓"人民当家做主"只是美丽的幻影。由于政治信息的专业性质，民众实质性地参与政治决策（做主）是不可能的，勉强参与（如普选），并不能因果地保证选出最佳的领导人，甚至不能排除选出最差的领导人。这不同于传统的"群氓"假说，因为它无关民众的教育程度，即使诺贝尔奖得主，政治上同样可能是外行，投票并不比别人高明。相反，领导人的遴选最终需要采取专业评估的路线，相对准确，而且节约社会成本。

对于政治走向所谓"民主化"的进程有着不同的历史观察，通常认为它是革命推动，民众维权的结果，从奴隶制到今天，民众的权利的确有了很大增长，以至于常用"民主"作为维权的代名词，并进而优名化，把一切好事都往它的口袋里装。然而检索"民主"的起源，它不过是在奴隶主专制的后期吸收少量奴隶参与决策机构（元老院）的议事，这种最早的"民主"雏形并不符合 democracy 一词表达的意涵："人民"（demo）"统治"（cracy）或"人民当家作主"。因为吸纳少数奴隶参与议事主要是为了咨询，绝非替奴隶着想，更不是让奴隶"参与统治"。切不可混淆"咨询"和"决策"的界限，权力的要害在于决策，为了决策正确可行需要咨询，但咨询的意见可听可不听，所以被咨询谈不上是权力的分享。

　　咨询之所以必要全在系统的复杂性增加，需扩大决策的信息基础，基础不够都是盲目决策，非但会招致失败，甚至根本没有可操作性（无从着手），这才是奴隶主吸纳少量奴隶参与议事的真正动因。早期的酋长，事无巨细，几乎号令一切，后来的天子就不得不依靠众臣，使权力逐渐分散。现在当然更不同了，张飞署理县衙，知道"杀人偿命，欠债还钱"差不多就够了，而今除了传统的民法、刑法，还有公司法、合同法、反垄断法、行政诉讼法，这法那法，即便专业人士，也未必件件弄得清楚。怎么办？只能实行权力分工，使权力分散，并扩大咨询的范围，于是社会也就显得越来越"民主"。那民众就无需维权了？当然不是！民众利益毫无疑问是权力、乃至全部社会运作的终极目的，这叫"以人为本"或"民本"。维权应当靠"民本"，要求主政者"执政为民"，而不靠"亲自决策"或"民主"。原因很简单，缺乏信息基础的决策只是盲目决策，达不到维权的效果。

可是在优名化之后，人们把维权、决策、咨询和监督通通混称"民主"，在讲求科学管理，力求概念精确的今天是很不恰当的。尽管在日常行政中民众参与决策不具有可操作性，但在普选中一人一票，逐票统计，民众却"的确"参与了决策。可是，只要稍微考察一下相关信息在民众中的分布，便立即看出这种大范围集体决策的真正后果，和鼓吹的普选制度大相径庭。

与其他专业信息不同的是，管理或政治信息攸关民众切身利益，是媒体关注的对象，所以民众或多或少都拥有一些，只是分布很不均匀，有很强的随机性（有人关心时政，有人不关心，即使关心，获得的信息也未必全面、准确），理论上根本不能保证每个民众的个人决策一定正确。相反，单个决策都是随机的，只表达个人意愿，并不必然符合真理（最佳选择）。哪怕最公正的普选（没有人为操控，尤其劣质操控）也不能保证选出最好的领导人，甚至不能排除选出最坏的领导人，以为投票就是"当家作主"太过天真。绝大多数民众平常远离政治，顶多怀抱某些民生诉求或对时政的粗略见解，哪有"充分理由"清晰判断国家应该的走向和谁最适合领导国家？他们极易受竞选宣传或其他操控影响（无论多文明的竞选都是操控，主要体现竞选人的意愿），勉强表达的意愿多半不成熟，常常受控于非政治甚至非理性的动因，也就未必真对自己有利，选过又后悔的大有人在，所以这个"主"不做也罢！由于信息的混乱分布必然使统计结果包含强烈的随机性，① 在人为操控下，竞选各方对民意进行角力，它决定的只是胜负，而非真理。其实，人们早知道真理有时就在少数人手里，既然如此又何必迷信表决？普选的设计在科学上原本经不起推敲，把"民主政治"的基础建立在它上面与建在沙滩上无异。可以认为，普选被采作权力角逐的方式，无非是强者们"约定"将竞争由战场厮杀变成公民投票，经"民主"包裹"运动群众"而已。不过它减少了血腥，具有可操作性，引入某些管理策略和能力的竞赛，也算是历史的进步吧。

有一种迷思，以为攸关个人切身利益的事都得"亲自作主"。其实不然，因为这不光取决于主观意图，而是

---

①　考察一个"选举模型"。设想一个大的群体，例如国家或地区，知识领域和水准参差不齐。先提一个简单问题：3＋2＝？列出几个选项，结果人人选择答案5，因为大家都会算术（关于算术的知识或信息完备）。然后提高难度，如解一个线性方程，正确答案也列入选项。但有人忘记或不知道线性方程的解法（关于代数的知识或信息不完备），于是一部分答卷出错。再进一步提高难度，例如求解微分方程，这时绝大多数答卷都是错误的，只有少数数学家能给出正确的选项。显然，错误的选择完全随机，各人错误不同，也有碰对的，但没有准头，结果使数学家的正确选项反而被掩没。这个模型显然适合任何问题，凸显信息的随机分布。假如问"不吃饭会不会饿死"，全部答案都是对的，但如果问"谁适合领导国家"，其难度应高于求解微分方程，结果的随机性便可想而知。这是无人操控的理想情形，如果有人操控，民众意愿被制造的话题牵引，但牵引的力量出自操控者，与真理没有必然联系，所以与其说选举结果表达了民众的意愿，还不如说反映了操控的效果。这是正面的举例或模型设计，也可以从反面来举例，那就是"选贼"，它同样很有启发意义。某个学校的班级里有学生失窃，不知谁偷的，于是老师决定公投，依票数来决定谁是小偷。例子的荒唐是显而易见的，但正是这个荒唐揭示了票数多少与正误无关。选贼的情形范围小，信息分布相对均匀（彼此了解），结果或许还有参考价值。而在普选中，连参考价值都谈不上，其统计很难因果地导向正确的选择。

客观上有无可能。生病看医生，医生固然要倾听患者的意见，但处方还得医生开，手术更得医生做。医生出错怎么办？真不好办，至少同医生吵架绝不是好办法，这事只能由提高医疗服务水平、发展医学来解决。即便如此，也只能减少出错的概率，不可能保证永不出错。身体健康这样的大事自己都不能作主，有什么办法？人人都学医？荒唐！还有一件事，工资。这似乎不涉及专业，可是有谁见过单位里"民主"评定工资的？那还不乱作一团？说穿了，社会是大系统，不靠个人零散的"微观"信息控制。可也有大势所趋、民心所向的时候，比如战争使民生凋敝，引发强烈的反战情绪，表示个别民意已经缩并为整体的宏观信息，这对普选会有实质影响。但即便如此，它也只限于大趋势，真正结束战争、恢复经济的步骤和政策，仍然属于专业信息，个人难以干预。不能亲自决策，当权者不"执政为民"怎么办？只能监督，因为民众是系统的主体，承受权力行使的后果。但民众居于外围，真正有效的监督仍在权力机构内部，所以必须完善制度，通过制度实行。这似乎太过笼统，但权力是因应社会进步而发展的，权力监督根本上也只能在历史的进程中逐步解决，设想一剂处方就给出某种一劳永逸的监督办法并不现实。

　　"自由人集合"的假设毛病太多，必须抛弃。新的权力观则应基于"社会系统"的概念，完全是出于管理和整合的必要。社会系统这个词现在到处都在用，相当时髦，但恕在下直言，多数人并不理解它的深刻含义。所以有人一口一个社会系统，却又同时沿袭各种基于"自由人集合"的旧概念，全不明白集合和系统的根本区别，更遑论新旧概念之间的内在冲突。社会系统的正确性是由于各种现实的社会关系，它们包含在众多的子系统中，经济、政治、文化，概莫能外。在下业已证明，各个子系统遵循层次过渡的普遍规律，即下节和后面将会介绍的自由度的"缩并"，所以必须采纳系统的概念才能给社会结构和秩序的建立提供坚实的科学基础。前面提到，社会发展中使权力逐渐分散的所谓"民主化"进程首先不在利益的驱使或替民众"维权"的需要，而在系统的复杂性增高，使管理的信息基础逐渐扩大。为什么？根本道理全在"真理高于利益"，必须先有正确的管理才能执行系统的功能，"产生"利益，"维权"属于分配层面，没有产出哪来的分配？由于信息基础的扩大，传统的"独裁"失去了可操作性：什么事都交给皇帝老儿，他管得过来吗？这是权力分工的自然过程，丝毫不足为怪。拙著《社会系统》（中国社会科学出版社 2007 年版）对相关概念的来龙去脉进行了系统分析，有兴趣的读者不妨去翻翻这本书，相信会有收获。

# 十二　权力的异化（下）

权力运作需要"一元化"不是来自"一山不容二虎"的人性弱点，而是所有"自动机"都只能有单一的控制中心。人类社会不仅是"系统"，还是"自主系统"，实行"自主进化"（自行调整结构秩序），也属于广义的自动机系列。控制中心的一元化是自动机的普遍特征，承认社会系统就得承认这条，所以，即使多党制也只能有一个政府，否则社会立即分裂，或系统解体。可以看出，社会系统的概念"高于"所有关于人类社会的其他任何假设，必须用科学的眼光来审视所谓的"民主政治"及相关的结论。

普选是"民主政治"的核心，也是实施多党制的基本途径，但社会系统中信息的随机分布暴露了普选设计的根本缺陷，它只顾及大范围集体决策的可操作性（一人一票可以统计），却并不保证决策为最佳或正确。选举不是选明星，喜欢谁选谁，而是要选出真正优秀的领导人。但随机性却使设计和目标南辕北辙！这无可辩驳，因为永远存在选民的个体差异，更无法证明大多数人都能进行成熟的政治选择。这个大漏洞暴露出这套理论非但不尽善尽美，而是毛病太多，内在逻辑根本是支离破碎、毫无现实依据的。

早年在"民主"的旗帜下对封建制度进行了大批判，结果批出个多党制，并给它套上"民主"的外衣。相反权力的一元化则被彻底否定，通通斥为"独裁专制"，意指少数人掌权，高踞民众之上，对社会予取予求，成为特权阶层。而且只要一元化就必定"独裁专制"，必定权力异化，只有多党制和异化不沾边，但凡通过选举程序便一切正当。除非太不争气，闹出丑闻，但这也不要紧，有多党制的"权力监督"，反对党一揭发便无所遁形。假如不从系统的观点深入问题的本质，一开始就坠入这套理论的窠臼，把假设当真，将很难找出破绽。可是一旦接受系统的概念，认识自主系统只能有一个控制中心的普遍要求，就立即看出其偏颇，进而洞悉异化的多种形式，发现多党制非但不能杜绝权力的异化或腐败，反而以另外的形式使其更加恶化。或许想，那不用系统的概念如何？不行！因为人类已然实行群居，并且事实上存在管理。

为了认识多党制的本质，需要了解政党的社会功能。从社会系统的角度观察，组建政党当然是为了集体发声，凝聚社会力量。把个体分散的微观信息凝聚、转化或"缩并"① 为可控制社会整体运作的宏观信息。显然，多

---

① "缩并"表示当系统实现层次过渡时高层次的特性（自由度）通常较少，而低层次的特性则较多。例如产品的技术特性不少，用途却不多，而用途是从技术特性"缩并"出来的。后面第十五节有更详细的解释。

党制一定表示存在不同的利益群体，它们是由于社会分
工和发展的不平衡历史地形成的。早期组建政党时都明
确和公开宣布所代表的群体，以赢得支持，产生号召力。
在这个意义上可以说政党是公开的"拉帮结派"、"结党
营私"。这种利益偏颇早就引起过社会的反弹，中国古代
有所谓"君子不党"的警示，而开明的政党则公开宣称
社会发展将最终导致所有政党的消亡。不过也不能全盘
否定建党的积极意义，毕竟是政党将分散的微观信息
"缩并"为宏观信息，各党都先要了解社会的实际情况
（微观信息），然后提出政纲和政策（控制社会运作的宏
观信息）。这当中自然有偏颇，也不是非通过政党的途径
不可，但迄今这项任务主要是由政党执行，发表政见，
提出政纲政策，都是政党的职能。不过政纲和政策必须
凭借权力才能实施，因此所有政党都以执政为目标，和
其他组织，如协会和俱乐部之类迥然不同。

　　每个政党代表的利益群体都只是民众的一部分，实
行普选后，公开宣示自己的利益取向或群体背景等于自
我设限，排斥一切"非我族类"的众多选票。这使得各
政党不得不实行改变，除了传统的支持者外，必须游走
于各群体之间，宣称本党主张"对全民都好"或"最
好"。这种改变是表面上的还是实质性的？所谓"实质
性"是指改变是真的，政党确实从社会整体着想，一切
政策均以全民利益为依归。"表面上"则是指它属于竞选
策略，允许某些调和与折中，却换汤不换药，骨子里仍
然坚持特殊的利益取向。观察多党制下政治生活的实践，

很难相信这种转变是实质性的，它分明更像后者，顶多盖上了遮羞布，做得越来越体面而已。原因很简单，政见赋予政党以特质，是立党之本，关系政党最基本的信誉和号召力，除非利益群体本身变化，既定的利益目标岂能轻易放弃？虽然游走于各利益群体之间，仍必须巩固其传统阵地，以同其他政党相区隔，才能谋求自身最大的政治利益。因此，除非有重大事变，如外部入侵，否则各党很难真正走到一起。可以说，多党的"存在本身"就证明有着特殊的党派或群体利益。所有政党，无论执政与否，都很难实现真正的超越，摆脱自身立场的限制，否则就"党将不党"，或者大家都合并为一个党好了。

这正是多党制下权力异化的根源。首先，包含利益偏颇的政策本身就是以权谋私：群体之私同样是私。然而这种偏颇却经过"合法"程序，戴上了政策的白手套，不易分辨，更难于追究，比贪污腐败等异化的初级形式更为高明。实际上，通过的政策、法案常常是妥协下的利益分配，纯属交易。由于政党的轮替，胜选者必须抓紧人事安排并通过相关法案，以对竞选进行"酬佣"（回报支持者），给某些行业、集团以特殊关照，甚至公然自肥等。无论财政、金融和货币政策、国防和教育投资、政府采购，个中花样翻新、掩人耳目的各种手段不及备述。比如减税条款，它通常有利于富裕阶层，却宣称完全"公平"：大家都减。这种利益偏颇同经济与社会发展的不平衡相结合，使问题更加复杂化。由于不平衡有时的确需要加强某些薄弱环节，实行某种政策倾斜，但这种倾斜是为了校正整体的发展态势，和预设的偏颇无关。刻意的偏颇则不然，它很可能加剧甚至制造新的不平衡，恶化整体的态势。这自然给反对党制造攻击的口实，对竞选不利，执政方便不得不进行修补或适当收敛。如此不断展开的攻防使社会只能在左支右绌中颠簸着缓慢前行，很难凝聚力量，合理配置资源，统一经济和社会效益，实现真正的高速发展。不仅如此，朝野双方都忙于应付眼前，不可能有长远打算，更白白地损失重大的长期战略利益。

但多党制却被说成是防止权力异化的"良方"，理由是反对党通过监督或揭弊，使执政团队中任何个人的贪污或其他丑行不留情面地在媒体上曝光，可惜，这对执政党利用执政优势经过政策包装实行的利益偏颇根本无能为力。个人贪污和其他丑行固然可憎，但没有合法程序，一经暴露便无所遁形，哪怕巨贪，和社会整体的财富比较通常仍是小数，而经过政策包装的对特定群体的利益偏颇就不那么简单，牵涉的财富份额和带来的影响往往要大得多，如行业间的苦乐不均造成个别行业的萎缩，产生发展的瓶颈，通货膨胀，股市震荡，经济效益背离社会效益，甚至整体的危机和衰退。虽然当中涉及经济规律和执政能力的问题，但利益偏颇、顾此失彼肯定是失误的重要原因之一。利益的偏颇可以渗透到社会生活和施政的一切方面，教育、卫生、立法和司法、媒体，无一例外。一般认为，国防和外交政策理应以国家的整体利益为考量，但它们同样受到国内利益集团的左右。资源分配引起外交纠纷，甚至对外战争都能看到利益集团的影子，主战和主和的动机都绝不单纯，等等。所以人们早就感觉到，政策的失误比贪污等丑行严重得多，贪污以个案进行，影响的是"点"，而政策失误的影响则是"面"，是一大片。

权力异化并不只表现为以权谋私，每个政党都力图执政，这便在执政的基本目的（为民造福）上叠加了"由自己执政"的寄生目的。权力本身不是社会运作的基本目的，只是一种手段，但取得政权也可以成为"阶段性"目的：只有通过执政，推行适当的政策才能谋求利益。但在多党制下，在野党都对执政党抱定了取而代之的宗旨，因此习惯性地处处、事事唱对台戏，或为反对而反对，使权力经常处于不稳定状态，严重时则爆发政府危机。执政党也不能不全方位应付，于是大量精力耗费在政党恶斗、拉取选票上，用于争夺权力，包括议会席次、媒体宣传、公共关系的力度甚至远远超过施政的力度。这是屡见不鲜的"第二型"权力的异化：阶段性的寄生目的超过了权力的基本目的。不少政党的全部党务就是选举，甚至只会选举，竞选的本事比施政的本事大得多，要弄阴谋诡计十分在行，但就是不会做实事。

权力的"目的化"还突出表现在权力的分配中。胜选的政党筹组政府经常不顾人员的适任性，一味任人唯亲、论功行赏，因为权力分配被当作"权力分享"或"分大饼"。如此分得大饼后当然只会贪图如何从执政地位中获得其他好处，迫不及待地以权谋私，通过"第二型"的权力异化向"第一型"转化。权力分配中还流行所谓"制衡"的概念，它值得高度质疑。权力需要监督，但它不等于制衡，所谓制衡是一种权力对另一种权力的牵制，是权力的掣肘。这个概念也出自权力的目的化，要求权力分享与政党实力相当，体现均势平衡，以相互制约防止对手捞过界，进而蚕食对方，属于权力争夺的"游戏规则"。假如把权力真的作为手段，施政完全是为了造福于民，分工之后需要的便只是合作和监督，本无所谓制衡不制衡。

以权谋私和权力的目的化是权力异化的两种基本类型，但两者密切相关："争权"是为了"夺利"。各种异化的形式绝不专属于特定的制度，只不过在不同制度下各有特点，有些公开，有些隐蔽，手段更是花样翻新、层出不穷。多党制的确在权力监督的名义下揭露过大量的个人贪腐，但它从未使这类腐败绝迹，因为它可能采取更隐蔽的手段，相反，多党制却注定要在施政中引入政策的偏颇。尽管所有的政党都必须面对选民，这带来重要的限制，但是政党也绝非没有因应之道。首先是业已形成的竞选格局（如两党制）使民众选择的范围十分有限，滥竽照样能够充数，这被称为"烂苹果效应"：没有理想人物可以挑选。相当部分民众也因此弃权，实际上主要国家普选的投票率都只在 50% 左右。其次，选举是周期性的，除民生等少数方面，民众的注意力容易被"当前议题"左右，所谓"民意如流水"。这给各党以相当的操控空间，执政党通常都会在选举年采取惠民措施以拉选票，即使施政一塌糊涂，仍然可能凭借基本盘进行缠斗，甚至获得连任。包括最终证明很差的领导人，刚上台都有一段"蜜月期"，随即支持率下降，这几乎已成定则。纵观各国普选产生的领导人，经过执政考验，可谓好坏参半，这充分证明随机性的干扰，普选并不能"因果"或可控制地将最优秀的成员选拔到执政岗位上。民选总统绝不等于"民主"总统，不少人当选后同样表现出权力的傲慢，作风强悍、自以为是、独断专行、听不进不同意见的比比皆是。希特勒是公认的大独裁者，但别忘了，他也经过选举的程序，上台时同样被认作是"民主的胜利"。

迄今证实多党制的"民主政治"最主要的论据是所谓"民主国家"的社会发展和经济成就，但这些成就包含历史的积淀，即由早期发展的不平衡（先走一步）带来的殖民利益，较多调动了竞争机制，从未普遍证明其高速度，更谈不上是惟一的模式，反而有周期性的迟滞、衰退或危机以及其他弊病，暴露了它的根本缺陷。除了经济发展还有暴力使用，虽然在"军队国家化"之后内战相对减少，但自发势力引起的社会骚乱却很多，尤其对外用兵从未停止，两次世界大战的杀戮是历史上最惨烈的。至今天下也不太平，局部战乱绵延不绝。究其根源，虽然见仁见智，但破坏国际关系准则的责任，强者和弱者岂可同日而语？

说到底，多党制干扰了系统的整合，权力制衡削弱了权力的权威，而施政中朝野互相掣肘、互相拆台，背离了系统正常运作所需的齐心合力、统筹兼顾的精神，对民众的自发趋势调控无力，号称"民主"，实属病态，才是问题的症结。这种制度不仅大大增加了施政成本，降低了发展效率，很难实现社会的和谐，而且严重时将政党恶斗推向社会，更引起民众对立，社会分裂。种种乱象已经充分暴露出它的痼疾，如果依然固守"民主政治"的概念框架，等于执迷不悟，这是促使在下要来科学地重新考察一元化领导的原因。

"一元化"并非基于"家有千口主事一人"的浅薄，亦非沿袭"乾纲独断、定于一尊"的老规矩，而是指执行最高权力的集体具有统一的意见和决心。其所以统一既不靠一把手拍板，也不靠"少数服从多数"的表决程序，而是靠"协商一致"的原则。协商为什么"高于"独裁甚至表决呢？因为它是获得真理（最佳决策）的正确途径。决策的两个要素是信息基础和决策效率，集体决策有利于扩大信息基础（集思广益），但范围太大却影响效率（当机立断），甚至引入随机性干扰（如普选），所以决策范围不宜太大，要在两个要素之间适当权衡。参与决策的成员必须掌握较多的信息，使这种小范围的集体决策本质上成为"专家决策"，它是政治和其他社会信息越来越专业化之后的必然趋势。限制决策的范围是为了充分交换意见，考虑各种情形，比较各种对策，也便于保护少数。协商过程是对相关信息进行科学加工，如此达成的共识才最大限度地接近真理，正确地指导施政，使决策真正取得实际成功，最大限度地减少失误。必须特别强调"真理高于利益"，只有符合客观规律的决策才是最佳决策，使系统获得最大的利益，而成功的施政是所有权力的命根子，是高于任何"程序正义"的"实质正义"！

多党制下面难道就不能"协商"吗？不错，但其性质大不相同，它更接近于"谈判"或"辩论"，即使不破局也只能达成某种妥协或可接受的临时安排，难以获得真理，彻底解决问题。而一元化领导中的协商"不是"为了争输赢，只是为了找出最好的办法办事。最佳决策必须基于"整体"的变分原理，多党制的要害恰恰是背离了这个原则，而且无可救药。由此也看出决策中心内部团结的重要性，必须目标一致，着眼于整体。不能搞派别，不能独断专行，更不许耍弄阴谋诡计，要坦诚对待所有的意见分歧，以理服人。

这样的集体领导，不依赖特殊的利益群体，既享有最高的权力，也就以天下为己任，从整体出发，统筹兼顾所有的社会成员。除非因应发展的不平衡，不刻意实行政策的偏颇，相反，在局部利益的冲突中超然于所有局部之上，公正地进行调解和仲裁，提出的办法才有合理性，易于各方接受。这个态度对于解决局部利益冲突十分重要，因为不能以一个局部损害其他局部，更不能以局部损害整体或者相反。最高权力的这种不偏不倚体现了权力姓"公"的本质要求，所以不是多党制，恰恰是一元化才真正掌握了防止异化的关键。有两句老话，

"普天之下，莫非王土"和"率土之滨，莫非王臣"。后面这句话有两层含义，其一是说人人都得服从皇帝管束，其二则是大家同为皇上子民，皇上便一体爱惜。这两句话虽不科学（皇权必须废止），但也包含最高领导必须超越局部，才能"一碗水端平"的道理。甚至多党制国家有的也保留君主或王室作为国家的象征，它正好反衬出各党都有自己特殊的限制，谁都不能代表整体。

集体领导是一元化领导的更为成熟的形式，完全不同于过去的封建王朝，因为它包含监督（皇帝不受任何监督）。有人故意混淆两者的界限，把一元化等同于封建的、或者污名化的"独裁"和"专制"，这是绝对荒谬的。就概念的内涵来讲，独裁其实不过是一种决策方式，甚至是必要的方式（个人决策），并非异化的动因，它不包含寄生目的。紧急情况下，比如战场或商场，必须有个人当机立断的独裁。在集体领导中，也有个人分工负责的方面，不能事无巨细，样样都讨论。专制也一样，如果它是指集权的程度，那么一个系统中哪些该管哪些不该管，或集权到什么程度只是一个领导艺术的问题，一元化并不必然代表权力的过分集中。现代社会复杂性很高，过分集权造成的操作困难本身便会促使权力机构实行权力分工，分工则必然要求协调，在这个意义上它又反过来要求加强最高权力的功能。

最大的问题是，一元化领导如何实行监督？"民主政治"认为实行一元化，包括集体领导不可能实行有效监督，只有多党制（反对党）才是监督的惟一途径。这绝对不是原则的理由，不过反映了长期政党恶斗形成的变态心理。多党制下实行政策的偏颇必须最终面向全体选民，一元化之下任何施政的失误或权力的异化均会损失发展的利益，从而产生制约的力量：谁也不能长期肆无忌惮胡作非为。事实上，集体领导的制度本身就有防止个人、包括最高首长独断专行的功能。这个核心的成员既讲求团结，也同时互相监督。此外，权力分工的各机构之间、咨询和执行机构、专设的监督机构，尤其承受施政后果的民众在开放的言路中，均可实行监督，不仅监督个人操守，尤其检查施政效果（问责制）。最高首长同样必须遵守法律，接受罢免或弹劾。这是法律的"返身"特性，官员制定的法律也约束官员自己，甚至必须带头以身作则。不仅"王子"，就是"国王"本人犯法也不能免罪，某些"豁免"条款只是为了照顾大局，而且相当局限。可以说今天没有哪个最高首长不在监督之下，尽管存在这种或那种漏洞，甚至制度性的缺陷，但理论上没有任何根据可以证明监督失效是实行一元化领导不可避免的弊病或"死穴"。

需要关注执掌权力的个人，因为权力的异化强烈依赖于个人特质，比如贪污一般属于个人行为，集体贪污也只是小集体。没有哪种制度可以绝对避免异化，制度都靠人运作，也就可能人为破坏制度，所以提高掌权人的素质极其重要。多党制中个人投身哪个政党是有选择的，不完全依赖于出身和社会地位，聪明的政客善于游走各个利益群体，谋求自己最大的政治利益。因为竞选，公众形象和知名度关系重大，这便影响个人如何修为。一元化领导之下，能力、政绩和人脉都是选拔的重要条件，同样决定个人努力的方向。政治人物也有自己的个人利益，除物质需要之外，都把从政作为人生价值的实现，通过"超越自我"激发伟大和崇高的精神力量。反对存在主义并不否认自我价值，只是反对把它孤立化和抽象化。与经济人的假设相反，可以换一种思考，不仅通过制度去消极限制人的自私本性，而是设法使个人动机符合整体利益。在一元化领导中，决策核心分享施政的整体成就，它应当成为团结的基础，激发高层的团队精神。

　　承认政治信息具有专业性质，核心决策应是专家决策，其逻辑必然就是人才培养、选拔和淘汰需要遵循专业的途径。抛弃普选的思想，做官，包括做大官，均可认为是一种职业选择。有志从政的，和想当医生一样，先经过定向培育，然后由专设的遴选机构推荐到适任的岗位上。这不仅节约社会成本，而且可以避免盲目性，因为选拔过程受专业信息控制。这当中同样可以引入竞争机制，咨询各方面，包括施政当局、监察部门和民意调查，但独立操作，公正选拔。设立遴选机构属于权力分工，和行政、立法等分工类似，当然也接受监督。这种设计现在还属于政治的浪漫，多数人仍然迷信选举。其实对于不打算从政的民众投不投票并无太多实质意义，不必把选票看得那么神圣。选举结果永远有人满意有人不满意，满意的也可能转为失望，何必自己折腾自己？

当然，维权是正当的，但需理性，因此要求言路开放，有意见尽量提（不一定通过媒体），这就够了，不能要求"作主"："人人说了算"和"人人说了不算"根本是一样的。毕竟民众只能将微观信息交由从政的专业人士去汇总，不能期望依靠微观信息进行直接控制。

"民主政治"关于权力异化的主要理论是"权力产生腐败，绝对权力产生绝对腐败"，把腐败原因归结为权力本身，显然是荒谬的，那样谁还能掌权？只好取消权力！其实腐败作为权力的异化根源都在人将自私的目的寄生在权力身上，但自私并非人的绝对本性，不可能人人腐败，只是缺少监督的权力容易滋生腐败而已。英国哲学家罗素分析过权力机构中大量充斥钻营投机者的原因，指出这个圈子中的确有机可乘，所以宵小之徒趋之若鹜，但他也不曾断言官员个个是坏人。因为人人痛恨腐败，它有可能引发民粹，多党制便借此证明自己，以容许反对党来撇清"绝对权力"，可是消除腐败绝不能靠民粹。"绝对腐败"也一样，腐败具有不同的内容和形式，随时代变迁而变化。以今天的一夫一妻制衡量，中国皇帝的三宫六院肯定算腐败。但翻开历史教科书仍能见到出色的皇帝，他们锐意改革，施政颇有作为，使国家繁荣鼎盛。应该说他们是"好皇帝"还是"腐败皇帝"？从历史发展来看，他们当然值得肯定，否则把他们同昏庸残暴、荒淫腐朽的皇帝混为一谈，抹杀仁君与暴君、明君与昏君的区别，显然有悖于历史的多彩多姿。同样，对"清官"也可进行类似的分析。"绝对腐败"的武断把腐败说成权力的必然伴随现象，抹杀了基本目的和寄生目的的界限，排斥了正确处理两种目的关系的可能性，并不可取。

多党制虽然毛病很多，但它仍不失为权力发展的一个重要阶段。回忆黑格尔三段论，从部落酋长的一呼百应到皇帝老儿的定于一尊，都是独断专行的一元化，这种一元化被"民主政治"的多党制否定了，可是多党制却吵得不可开交，失去了和谐，不仅影响运作，更导致社会分裂，远非理想境界，所以必须再次否定，回到理性协商的一元化，实现权力形式的螺旋式上升。推动这个过程的主要是系统复杂性增加，决策的信息基础越来越广泛，成为专业信息。这不是硬套"否定之否定"的公式，而是冷静观察了多党制的毛病得出的科学结论。哲学的用处就体现在这里，学点辩证法才能辨识方向，但光靠哲学也不行，还需要精心的政治设计。实现第二次否定的历史任务甚为艰巨，权力组建、权力分工、权力监督都需要制度性的创新。这是一个长期过程，不可能一蹴而就，必须通过实践积累经验，树立成功的范本。现在顶多只是初现端倪，将来必定还有反复和曲折，不会一帆风顺。一位英国前首相针对中国近年来的经济起飞和"软实力"提升泼了一瓢冷水，说中国很难成为世界的"领导力量"，因为它"没有迷人的理论"。这位曾经的铁腕人物深信只有西方的"民主自由"才会使人着迷，她显然属于井底之蛙，不懂辩证法，茫然于系统整合的科学原理，当然无从理解权力形式最终要回归一元化的大方向。

"民主政治"喊了许多年，虽然毛病很多，实际是伪命题：因为信息的专业性质，无法真正由民众对国家大事实行集体决策（作主），然而它仍是当今时代的主要口号，具有重要的实用功能，社会进步还严重依赖这个口号，在官员腐败盛行的地方，民众的"民主"呐喊仍然是一种威慑力。这不奇怪，新的理论确立之前总要沿袭旧的理论，即使作为语言习惯，一时也难以改变。大家承认中医的的确确治好了许多病，但现代科学能够恭维中医的理论吗？显然不能。有人见义勇为却归功于菩萨"显灵"，但菩萨在哪里？我们不能因为不信菩萨就否定他见义勇为。这里中医理论和菩萨便都具有"实用功能"。

# 十三　科学的实证和自洽原则

有人发表意见后被质疑"为什么"，常常听到一类简单的回答是"直觉"或"第六感"。什么是直觉？什么是第六感？其实多数人都说不清楚，不过说的人多了便似乎也成一种"理由"。但这理由靠得住吗？显然靠不住，你这么直觉，他那么直觉，两个直觉打架咋办？说穿了，所谓直觉、第六感纯粹是猜，可是在发表意见，甚至激烈辩论的当口儿，假如承认自己只会猜，气势立刻减去大半，意见也随之失去说服力，太煞风景了！而用直觉或第六感这种雅致的名词包装一下，却能掩盖内心的尴尬和底气不足，多少保住一点面子。可是对于科学研究，面子一文不值，因为科学要的只是"里子"，结论错了将贻害无穷，所以科学结论绝对不能靠猜，什么"神仙"、"大师"、"泰斗"、"权威"打包票都是没有用的。

尽管猜测的结果非常靠不住，但其实猜对科学又极其重要。科学要深入现象的本质，首先便是猜，一筹莫展之时，只有猜到什么才能窥见光明。猜是科学论证的

"先行官"，没有任何判断，不管靠不靠得住，逻辑论证就无从着手，失去方向。"大胆假设，小心求证"，总要有个假设（猜测的结论）才能求证，否则，证什么？如果论证的结果表明假设是错的，那便重新再猜，再假设，再求证，直到论证正确为止。

猜是一种功夫，一种本事，依赖于头脑中的信息存储，学问大、见多识广，一般猜得快，猜得准。常常以为猜主要靠联想，其实不然，它包含多种逻辑活动，需要把头脑中浮现的判断同已知的事实和原则进行比较、分析和推理，明显不对的立即放弃，直到某个判断能把一切都"摆平"，才算猜到什么。但即便如此，也只是个人此时此刻的见解，还要补充完善的证明，方能使人信服，实现求证。以不完全的事实依据迅速达到一个可能的、合理结论的能力称为"悟性"。这个词大家都用，包括和尚道士，所谓参禅悟道，其实也是猜。以猜去窥探或感悟宗教教义，不过教义迷迷蒙蒙、玄而又玄，像泥鳅一样滑溜，常可作歧义解释，见仁见智之后就不了了之。而科学家讲悟性意思则比较死板：很重要，却靠不住。发觉稍有差池，立马便重新审视，所以科学家喜欢怀疑。但怀疑得有分寸，讲究事出有因，不是不分青红皂白怀疑一切。

科学家为什么这样小心翼翼？没别的原因，都是给客观规律逼的，客观规律丁点儿不饶人。火箭升天，零件有几十或上百万，99万9千9百99都没错，只有一枚螺丝钉松了，发射就失败了。还有轨道计算，更是失之

毫厘，差之千里。不仅高科技，日常生活也一样，电视
图像畸变，肯定有零件工作不正常；煮饭少添一把柴火，
饭就会夹生。这类事情太多，所以人们自然得到一个印
象，科学的事情马虎不得，科学推理尤其要严格，稍微
忽略一点，事情便可能整个改观，与预想的结果大相径
庭。客观规律为何如此不近人情呢？那是因为有因果律
的普遍原则：一定原因只能产生一定结果。这从表面上
看似乎太苛刻，太难为人类了，其实它恰恰是大好事。
要不这样，世界没个准头，麻烦才更大呢！什么是没准
头？那就是种瓜未必得瓜，煮饭未必能熟，往东扔石头
它却往西飞，全都把握不住，人还能干什么？还有什么
活路？所以，必须要"一定原因产生一定结果"。虽然弄
清什么原因产生什么结果会费很多力气，但宁可费这个
力气，也要掌握好客观规律，才能控制事物的进程，得
到希望的结果，进而有饭吃、有衣穿、有其他的一切。

　　由于因果律，人的思维也受到限制，要求遵守"充
足理由律"。这在传统形式逻辑中是很重要的一条，但有
人质疑理由充足与否没有确切标准，颇有微辞。这是把
充足理由律和因果律割裂开来，不明了两者的关系。其
实推理中要求"理由充足"不过是因果律的一个推论，
因果律有确切标准，理由充足与否就有标准。可以这样
来理解因果律，先假定考察的事物和外界"所有"事物
都有关系，因为不经排除，没理由假定它和哪个没关系。
这表示谁都可能影响或作用于该事物，它受到的影响或
作用有无穷多。但这些影响有强有弱，强的影响是实质

性的，但数量一定很少，绝大多数都非常弱，小到可以
忽略。于是研究事物运动只消考察少数实质影响就够了，
这便是因果律：各种影响是"因"，如何运动变化是
"果"！或许问：凭什么说只有少数影响是实质性的呢？
道理很简单，假如事物受到无穷多实质影响，其运动便
一定复杂到不能把握，看不出任何规律性。所谓"理由
充足"就是要把所有实质影响都想全了，不能遗漏，遗
漏了理由就不充分，预期则可能出错。还有个疑问：被
忽略的影响虽然个个很小，但数量却无限多，怎么保证
它们的整体影响能被忽略呢？这也不复杂，有个数学概
念叫"收敛"，就是把无穷多个无穷小相加，结果仍然是
无穷小。高中生算无穷级数的和，只要收敛，便只消按
精度算到前若干项为止，其余通通忽略。不收敛怎么办？
不收敛便是无穷大，不必算了，这时事物的运动也没有
什么规律可循。

　　所以，记住科学研究的是规律性，有规律就一定只
消考察有限个因素的影响。对于"有限"，只要老老实实
把功夫做足，便定能掌握，因果律和充足理由律的秘诀
尽在于此。究竟因素全不全，要看得出的规律能否预期
事物的运动变化，一个理论预期，一个实际观察，两相
比较即可检验真理。实际情形是，科学从观察开始，通
过悟性给现象"猜"出一个规律性的解释，然后进行论
证。论证不光是逻辑推理，更重要的是实验、实践。实
验是指在专门实验室进行的，一般范围较小，而实践则
是理论的应用，范围大得多。理论成立与否，要经过大

范围的实践检验，才算真正靠得住。有些咬文嚼字的先生对"实践"一词颇多发挥，在下没那种功夫，所以只遵从上面的简单定义。实验和实践的区别只在是否包含应用的目的，因此范围大小不同，但两者都是实际过程，不是纸上谈兵，对于理论都有"实证"的功能。

以实验和实践来验证科学原理是否正确叫做实证原则，没有实证主义者解释的"实证"那么博大精深，科学家的头脑向来不如哲学家复杂，所以不会自己把自己搞糊涂。实证的意思很简单，就是理论预期和实际观察一致，预期是3，观察是2.9，误差0.1可以接受，就算一致。误差过大就算不一致，需要重新思考。实际观察不能只有一次，而是要反复多次，以排除偶然因素或碰巧，所以可重复性是实验靠不靠得住的主要标准。经过验证的普遍结论才能叫科学规律，或科学真理，真理的本意就是认识符合实际。拿电磁学来说，最初是少数科学家，安培、法拉第等人观察总结出来的，麦克斯韦集其大成。他们得出这些规律时做过许多专门实验，但这还不够，直到把这些规律用于发电和送电，制造各种电器，还有无线电等，都得到了成功，人们才相信它们是靠得住的。能不能得到预期的结果是实践检验的核心，为什么？因为人类生活最终依靠的是物质，不是理论。我们使用的各种电器，其中都有电磁学规律在起作用，电器正常工作就证明这些规律靠得住。人类使用电器已经有二百来年，等于说全人类已经集体验证了它们两个世纪。

是不是电器一出问题就证明这些规律不对呢？不然！这需要分析，假如零件或连线出了毛病，或电源不稳，当然不能怪规律不对。当初电器出毛病时人们也曾怀疑过这些规律，但最后总能找出其他具体原因，于是眼光就逐渐转移了。不仅如此，科学发展还设计出大量条件更为苛刻的专门实验，从宇宙观测到亚原子（比原子更小）领域，都牵涉到电磁学规律，可谓上至宇宙之浩瀚无际，下至粒子之深邃无穷，均未发现它们有什么问题。即便如此，物理学家仍秉持开放态度：任何人，不管哪天，只要找到一个违背这些规律的反例，它们都将被修改！当然这极其困难，真要有必定是惊天的大事，但却不能排除。它体现了一种原则：实践高于理论！不管理论多么优美严格，有多少人拥护，只要不符合实际，修改的都将是理论！

但实践对科学的检验并非有一句验证一句，正如施工选择方案，不能个个都试，而是先动脑子进行方案论证，找出最佳的再试，试验中使其进一步完善。方案论证属于思想的相对独立发展，本质是信息加工，必须严格遵从逻辑规则，假如论证推理犯了错误，结果便一定出错。这个相对独立的发展体现了思维的能动性，相当于以思想演示实际过程（思想实验），避免了盲目实践，可以大大缩减创新活动花费的时间，加速社会的进化。逻辑规则在这个过程中无疑具有举足轻重的地位，有些光靠纸上谈兵做学问的人，成天只知推理和演算，便拿逻辑规则当作判断是非或检验真理的标准。数学家发表文章，只要推导、演算不错就算成功。利别尔曼证明普恩加莱猜想，内行验算无误，大家便普遍接受，承认他解决了一个世纪难题。仅就逻辑推理而论，这本无可非议，可是有些人却走过了头，把思想的"相对独立"看成了绝对独立，主张数学是"超现实"的，逻辑规则是"先验原则"，根本无需实证，这就完全出格了。在下明白宣称是反对先验论的。我们讲过思维的本性，讲过神经元的枝枝桠桠，迄今科学上肯定没有发现与生俱来的对应于这些规则的神经结构。相反，逻辑规则需要学习才能掌握，逻辑能力也要培养才能提高。其实，稍微留心一下这些规则的内容并不难看出它们的经验性质。①

　　假如思想永远不同现实发生关系，有人非要强调数学"超现实"或逻辑规则具有"先验"起源，倒也可以不予理会。但这样的思想理论只是概念游戏，非常缺少活力，绝不代表真正的数学和其他相关学科。有一个古典、却很有意思的例子，就是非欧几何。假如没有爱因斯坦的广义相对论，黎曼几何只是一个抽象的概念框架，

---

　　①　比如同一律，它便是基于对象在思考过程中保持自身稳定不变的事实，这个不变显然"不是"思想的特性，而是对象的特性。矛盾律也一样，它代表对象间的区隔，所以 A 不是非 A。排中律就更明显了，量子态的特征之一是在其上进行物理测量时可以给出确定的数值（本征态），也可以只给出出现某一数值的概率（非本征态）。相当于在真、假两个选项（分别对应于物理量是否为给定数值）之外增加了第三个选项（不确定）。于是立即有人设计了"非布尔代数"的"三值逻辑"（布尔代数只有真、假两项，称二值逻辑），它清楚表明是否需要排中律依赖于对象本身的性质。不管多值逻辑的成就如何，这件事都可以作为"逻辑"的经验起源的证据。

逻辑上你找不出它的毛病，却也不明白它的实际含义。谁都可以自行假设无矛盾的公理体系去推演各种各样的命题，但这只是玩玩。必须在广义相对论得到证实，黎曼几何作为数学工具才算证明了自己，和用于物理学的其他数学分支一样，使自己获得"实证"的品格。这样的数学，不管内容多抽象，最终是和社会的物质生产，和人的衣食住行联系在一起的。

不过这种情形只能称为"间接实证"，"间接"的意思是需要经过逻辑推理才能把测量数据和理论预期对比，不像某些古典物理的定律可以直接测量验证。间接实证的概念非常重要，因为即使在物理、化学等实验的自然科学中，真正被实验直接证明的规则、定律、原理也只是极少数，其余大多数，尤其用于实际的结论只是已被证明的规则、定律、原理的推论，也都是间接实证的。事实上，有普遍原理，却难以设计"普遍"实验，任何实验都是在特殊的仪器装置下进行的，属于个别运动。普遍原理之被特殊实验证实是先把它用于特殊情形，其间经过若干逻辑步骤，推出的实验结果同测量吻合，然后再"倒推"回普遍原理。但倒推不能依赖实验条件的特殊性，只包含必然性，因此个别实验可以验证普遍原理。经过实验验证的普遍原理是实证的，它有资格被用于其他具体情形，这时通过推理可以预期在该特殊情况下的结果，只要推理没有错误，预期应当是可靠的：两个可靠相加（原理可靠和推理可靠）结果自然也可靠。这显示了理论的"演绎"功能，它也合于实证要求或属

于间接实证。总之，无论直接或间接实证"都是"实证
的。演绎结果的间接实证性是因为作为出发点的普遍原
理已经实证，而推理总可以经逻辑规则检验。

通常认为宗教是排除实证的，因为它以信仰为基础，
属于非理性，所以无需证明，谁见过神佛鬼怪？其实不
然，任何宗教都面临辨识"真伪"的强大压力。即便如
宗教家宣称"科学治于外，宗教安于心"，前者辨别外部
世界的是非，后者澄清内心道德的善恶，那道德的"善
恶"也要以认识的"真伪"为前提，拿虚假的东西进行
说教无异于"行骗"，还怎么谈得上道德？正因为如此，
宗教家都热衷于"灵异"事件，希望神怪"显灵"来证
实自己，时髦的甚至异想天开去寻求"科学的"佐证。
科学算命不必说了，在下还遇到一位传教士，当面宣称
物理学中的宇宙"大爆炸"理论证明了"上帝创世说"！
哪怕退一万步，主张"诚则灵"，仍然摆脱不了一个
"灵"字，灵就是灵验，同样包含实证的意思。没有办
法，真伪是认识论的基本命题，所以主体自然要求实证。
平常说"眼见为实，耳听为虚"，其中的虚、实便是真、
伪的另一种表达，没有真实，"心"很难平静，连自己骗
自己的心理调适也不能真正奏效。

实证原则是科学对外部关系的基本要求，即思想必
须符合实际，而与此相应，在科学内部，则强调内容一
致，或"自洽"，不能这个结论同那个结论互相冲突、出
现矛盾。在一门学科内部自洽原则容易理解，因为总不
能第一章和第五章打架。关键是这个一致性遍及"所有

的"科学部门，即整个知识系统，这部分和那部分，不管哪个学科，都必须自洽，不容许不一致：科学遵从的是"大一统"的自洽原则。

人的认识最初是分别各个现象领域进行的，然后发现各个现象领域之间的联系，一些现象更为基本，是另一些现象的原因。早在一百多年前，主流思想就已经确认世界是从低级到高级的一系列物质运动形式的演化，因此认识的深化就是要从低级运动形式出发去解释高级运动形式，这称为"还原论"思想。比如，化学中原子的化合和分解乃是由于原子外层电子间的相互作用，它便属于更基本的物理运动。而生命现象则依赖于体内的物理化学过程，消化是将食物进行分解，营养吸收则是分解后的营养物质经细胞膜进行渗透，然后通过化学反应纳入细胞，没有这些过程绝不可能有生命现象。类似地，思维现象是具有高度组织的大脑的特性，大脑的活动依赖于整个机体的存活。最后，处于高端的社会现象更是建立在所有这些运动形式，从物理到思维基础之上的。假如读过恩格斯的《自然辩证法》，相信这些概念应当不会陌生。这个物质运动形式发展的大链条要求所有学科的内在一致，不可能生物反对化学，化学反对物理。

消除理论各部分之间潜在的概念冲突，贯彻自洽原则，是一个必须的要求，只有这样才能保证真理的惟一性，它也是因果律的推论（不允许同样原因导致不同结果）。基本的物理学定律通常表述为数学方程，例如微分方程，它们在给定条件下的解必定惟一，① 否则便得不到问题的确切解答，叫人无所适从。这个标准衡量出各个学科的科学品格，最高的是称为精密科学的物理、化学等学科，它们是严格定量的，尤其物理学，它甚至具备了演绎的形式。生物、医学还有心理科学虽然有不少内容分歧，毕竟在基本方面实现了统一。例如解剖学，实物摆在那里，谁能不承认？生理过程较为复杂，仍然建立了统一的理论，无论神经、呼吸、消化、循环、排泄、生殖等各个系统，基本概念和主要机理均已搞清。只有社会科学，情形大不相同，它有意识形态分歧，各说各话，互相角力，品格最差，这个问题留待下节再来讨论。

　　科学探索未知，认识需要一个过程，对于尚在研究的课题当然允许持不同意见，但必须明了最终大家须走向统一，不可能永远公说公有理，婆说婆有理。一时统一不起来可以存疑，可以继续探索，依靠时间和实践去明辨是非。这个时间需用历史、而不是寿命的尺度衡量，几十年、上百年并不稀奇。所以在人的有生之年，会有不同学说、理论纷然杂存的局面。有人便因此提出科学"多元"的概念，但在下明确指出，这绝对错误！"元"的意思非同一般，不可随便乱用，它是概念的始祖，整个世界既已纳入物质运动形式发展的大链条中，就不可

---

　　① 线性微分方程理论中都有解的惟一性定理，即在给定的初始和边界条件下，方程的特解必须是惟一的。在非线性方程中尽管会遇到与高阶代数方程的根类似的多重解，但仍然可通过适当条件来选择其中物理上惟一合理的一个。

能在它之外再去找"元"，科学的自洽原则也不容许另立一个科学体系或出现另外的"元"。否则，一定会破坏真理的惟一性，破坏因果律，颠覆整个的科学世界观。

　　有人不明了各门学科内在的一致性是如此重要，随便"自行立说"，有了一得之见便想自成体系，以为只要言之成理或自圆其说便站住了脚跟。殊知任何学说进入科学殿堂之前都不仅要以局部实践证明自己，而且要证明自己和所有已知的科学原理绝无矛盾。最简捷的办法便是将自己纳入现行的概念框架内，因为这个框架的每一部分都经过了广泛的实践检验，而且实现了自洽。现行框架不是不可以补充、修改，但一定极其慎重，任何局部变动之后都必须重新实行自洽。讨论特异功能，比如耳朵认字时，缺少这种自洽观念的人天真地以为，只要"认出来"不就"事实胜于雄辩"证明这种功能了吗？错！因为眼睛认字是有全套科学解释的，首先是眼睛的构造，然后是电磁波在视网膜上成像的光学和光化学原理，信号在神经系统中的传输，大脑的图形识别等。这些原理背后可不止个别的事实，比一次、两次演示雄辩得多。现在突然来个"耳朵"认字，什么机构？什么原理？就算戳穿不了如何弄虚作假的伎俩，只要说不出道理，科学家是打死也不信的。还有非专业人士想要"超光速"运动，以为和赛跑破纪录一样，用力跑过光速就成，殊知爱因斯坦的光速不变原理同样联系着整个物理理论的体系。假如这么随便就超了光速，必将导致负能量、虚质量等在现行框架下根本不能理解、也毫无实验基础的概念，怎么办？理论的内在一致性使得出现任何新现象必定牵一发而动全身，没有全套的理论突破，只靠廉价的"说超就超"是半点希望也没有的。

这使人自然想到中医的热门话题，近代史上的若干名人都反对它，现在也有人喋喋不休。但在下发现，所有指责其实均归结为中医理论不符合现代科学的规范。的确，中医的"五脏"不同于解剖学上的脏器，所以"肾虚"包含性功能障碍，和解剖学上的肾（kidney）完全是两码事。还有阴阳调和之类，显然不是物理、化学的语言，而是哲学或玄学语言，但中医却并非哲学。另外许多恐怕连自圆其说都称不上的"道理"更难从现代生物学寻求解释。那么中医理论为何不能自成体系？绝对不行！这不是西医霸道，而是科学不容许多元。何况只靠祖传秘方，神医妙手的经验之谈，各有各的门派，肤皮潦草一通，远远不到逻辑的尽头，怎么够得上体系？即使真有道理，也必须把术语翻译过来，换成符合解剖、生理和病理规范的语言。就像许多中药的疗效来自其中的有效成分，把有效成分鉴定出来才初步合于药理的规范一样。

那么中医算不算"伪科学"？也不尽然。评价中医不能光看它的理论，或它"说"了什么，更重要的是看它"做"了什么，实践才是检验真理的标准。一个人见义勇为救人于危难，事后却宣称自己的义举是"菩萨托梦"。从无神论者来看，他的"言"无异于胡说八道，但我们不能因此说他救人也不对。那么中医做了什么呢？它在中国已经流传多年，上至皇室帝胄，下至升斗小民，都用它治过病。诚然许多病没治好，但治好了许多也是事实。所谓"治好"的意思是请郎中开方吃药，病就渐渐痊愈了；反之病情一定恶化，或迁延至死，治和不治大不一样。这点相信大家都能够接受，说中医连一例病也从未治好过的人恐怕不多。事实上，相信中医的人多是基于它的疗效，并不懂它多少理论。在下经常"上火"，随时自备"清火"的中药，道理不懂，只服后大都能解决问题。在美国看西医，"上火"的英文怎么翻译便曾犯难，拐弯抹角说了一通，让美国医生终于明白"上火"的症状后便说他们也"上火"。同样的病症，两种不同的体系，宛如鸡同鸭讲，确实费劲，但沟通仍旧是可能的。

承认科学的统一性，承认中医必须纳入科学规范，并不等于说这事可以一蹴而就，只消下个决心，转变态度就能马上办到。中医研究中有许多不严格、存在严重纰漏的地方，包括制药条件简陋，某些药品包含有害人体的成分，疗效测试未设"双盲"的规范等，但它并非故意骗人。相反，它在应用中显示的诸多疗效表明其研究方法也必有合理之处，简单说，就是它大体符合控制论中黑箱理论的精神。什么叫"黑箱"？就是一个"箱子"，里面是什么看不见，内部结构完全茫然。假如知道了这个结构，自然可以用科学的方法描述它，预期它的性能。然而箱子打不开，无法深入内部，便只能从外部探测。怎么探测？就是给它一个输入信号，然后观察它的反应或输出信号。改变输入，再观察反应或输出如何变化。因为已经知道若干其他系统的内部结构如何产生各自的输入—输出反应，所以便可能通过比较来"猜测"黑箱的内部结构。这就是著名的黑箱理论，在认识发展的初级阶段，它是常用的方法。

人体便是一个黑箱，它显然不能随便打开，何况就算打开也未必看得出究竟。比如内分泌，那是需要化学分析的，眼睛怎么能看出分泌物的成分？中医研究何以合于黑箱理论呢？这便是"神农尝百草"！取一种植物尝尝，就是对人体"输入"；看看反应如何，便是观察"输出"。把输入和输出进行比较，总结经验规律，正是典型的"黑箱作业"。这种方法非常原始，但至少能分出有毒无毒，粗略鉴别有无疗效吧。任何科学均起步于观察，然后揣摩内部机构，寻求现象背后的原因。猜得对不对只是认识水平和发展阶段的问题，谈不上"伪科学"。不过黑箱作业确实局限太大，所以中医花了上千年只猜出个五脏六腑，阴阳二气。而西医则直接动刀子，把黑箱打开。这比中医胆子大得多，所以步伐也快多了，拔得了头筹，解剖学便因此应运而生。不过当初施行解剖的不都是医生，许多是画家，包括著名的达·芬奇。画家为了把人体画得精准，所以细细地解剖肌肉和器官，而中国的传统观念"死者为大"，挪个位置（迁坟）都算不敬，谁还敢在尸体上动刀子？就这样面对黑箱不敢越雷池半步，死者是受到尊重了，对活体的认识就始终迷迷糊糊。比如"心之官则思"，连想事情在身体哪个部位都搞不清，还谈什么医学？

　　毕竟中国历史悠久，人口众多，经验的确蛮丰富，再说人体如此复杂，西医再是先进，总有不到之处，而中医的一招两招或许正好派上用场。这便使人感觉有独到之处，宣称中西各有所长，幻想能够"平起平坐"。甚至强调中医辩证施治，把人看作整体，尤其阴阳二气体现了矛盾学说，比西医只会解剖，头痛医头更"先进"。在下却想泼点冷水，这些丝毫无助于提升中医的科学品格。医学并非哲学，它讲求实证，五脏六腑既非解剖学器官，便无法实验观察，所有的判断、推理只能在云山雾罩之中。不与现代科学接轨，先进的理论和实验手段都用不上，发展模式永远陷于经验摸索，单靠悟性，能有什么前途？

# 十四　科学主义 vs. 人文主义

现代社会突飞猛进，经济发展主要得益于科技进步，新技术开发出新产品，立即投放市场，带动消费，产品更新换代速度确实惊人，和以往的若干年"一贯制"完全不可同日而语。所谓"知识经济"主要就是指经济活动中科技含量提高，现在人人都享受着科技的成果，科学技术成为历史真正的火车头。直接挑战科学的情形大大减少了，和中世纪的宗教裁判所公然焚烧布鲁诺的惨剧相比算是有了天渊之别。但是仍有不少关于科技"负面作用"的担心和曲解，例如借口生产发展造成环境污染和高科技用于制造先进武器，说科技是"反人类"的。还有人试图限制科技的作用，他们是所谓"人文主义"者，断言决定个人命运的最终是"人心"，而不是科技，人类"过度"依赖科技将造成人的异化，丧失人的本性。

这种观念和古代的反科学思想一脉相承，在中国庄子便是个带头人物，他把聪明和奸诈画等号，认为科学技术有碍他的"道"。他借孔子的弟子子贡说事，说子贡见一老者在园中浇水吃力，劝其使用机械，老者非但拒绝其好意，反称人学得聪明便会投机取巧，曰："有机械必有机事，有机事必有机心，机心存于胸中则纯白不备，纯白不备则神生不定，神生不定者，道之所不载也。"这种叫人彻底愚昧的理论曾经广为流播，所谓"宁长社会主义的草，也不要资本主义的苗"，除却政治内涵，其逻辑和风格，与宁可用笨办法浇水也不用机械省力如出一辙。这不仅是拧脾气，而是中国文化中万万不可忽略的一种倾向和特色。直到今天，中国依然存在鄙薄技术的传统，视为"雕虫小技"。大家知道，长期实行的科举制度考的都是"道德文章"，那才被看作是求官的"正途"，使天下的读书人趋之若鹜。

　　为什么称科技具有"负面作用"的论断是不正确的呢？这是因为不能把"负面作用"，如制造武器以及环境污染等归罪于科技本身。须知，科学技术提供的是自然规律，本身不包含社会价值的判断，无所谓正面负面。"电"是好是坏的问题，正如下雨是好是坏一样，没有意义。社会价值的产生全在人的社会运作趋向何种非平衡定态，是进步还是倒退，人才对"好坏"负责。科学技术只是提供可能，但人却应当永远感谢这种可能性，没有它社会就不能进步。科学技术可能用于破坏，但趋利避害是人的责任；财富也能用来作恶，但不能谴责财富本身。这里包含着一种"不对称"（只感谢不埋怨），但社会进化在时间中本来就不对称。其实，想从根本上消除负面作用仍然要靠科学技术。治理环境污染，当然只能去发展节能、少污染甚至零污染的新技术，制止高科技犯罪则要在技术上比犯罪分子更高明。先进武器也要看它用于何种目的，它威胁人类，却也可能制止战争。国家之间存在利益冲突才会有战争的可能，这些冲突多系于资源或经济的不平衡，它最终仍然需要通过加速经济和社会发展来解决，而这就离不开科学技术。

但出现这类错误论断却不是偶然的，是因为有人故意贬低或限制科学技术的作用。怎么贬低或限制呢？就是宣称很多问题科学方法"不行"，它们压根儿不是科学的对象，以此对科学设限，划出禁区。哪些问题科学不行呢？主要是"人心"，包括道德精神、情感生活等。这些问题据说要用宗教、文学、艺术或者还有美学去解决，所谓"科学治于外，宗教安于心"，各有势力范围。这些领地现在统称"人文"，不知是否为"人类文化"或"人类文明"的缩写。但"人文"一词并无严格界定，有人给它加上"科学"二字，成为"人文科学"，把对社会、历史的研究也拉扯进来，因为他们认为社会、历史都是关于人的科学或"人学"。于是人文科学接近大学"文科"的外延。但所谓"人文主义"却与此不同，它将"人文"同"科学"并列，为的是强调一种与科学不同甚至对立的方法。科学尊重客观，讲求实证，而人文则未必。宗教不消说了，它以信仰为基础，奉行"诚则灵"，不可能也完全排除实证。文学、艺术、甚至美学，虽与宗教有别，但其内容依赖人的主观（美是客观与主观的统一），这与科学精神不言而喻是背道而驰的。科学讲究是非，对与错遵从实证标准，掺不得半点主观。但文学却不是，它不仅有是非，内容正确而毫无感染力的作品是失败的作品；而且除了文艺理论，创作和表演主要依靠形象思维，不光是逻辑思维。人学自然以人为中心，出发点和归宿都是人，尤其侧重人心，观念、意志和"人性"占有特殊重要的地位。在人学中"人"字不一定大写，它指各种各样的个人，各有喜怒哀乐、恩怨情仇，沾得酒色财气。有专门用于自我表现的"小文学"，不同于反映社会现实、描绘历史画卷的"大文学"。在人学中，欲望与需求代表人的内在本质，人际关系都围绕它展开，它把对人心、人性的探讨作为自己的任务，这种探索与科学规律毫无关系。提出以人为本的口号之后，这种人文意识更进一步得到加强，因为他们朦胧中感到"人"的地位更加突出了，所以极力强调这个口号体现了所谓的"人文关怀"，传递了温情脉脉的"人情味"。

如何看待"科学"与"人文"的关系是个饶有兴趣的问题，两者的对立实际上当然没有上面渲染的那么尖锐，个性特征、人格精神之类其实早已是心理学的对象，道德情操同社会发展的关系密切，也在意识形态的研究中占有一席之地。科学从不承认有任何禁区，人文主义者夸大问题的严重性无非是要凸显自己的地位。不过科学与人文的差别也确有一定来由，值得哲学进行观察，尽管涉及的问题范围很广，但它们的内在其实都是相通的，因此只消选择理性和感情的矛盾作为突破口，然后举一反三就够了。这个问题确也集中反映了问题的本质，平常说"晓之以理，动之以情"或"理无可恕，情有可原"，"情"和"理"被当作思维的两个独立的基本形式。从人文主义看来，感情及其外在表现：情绪，是难以用科学解释的，这是由于不懂思维的本性。枝枝桠桠不仅是知识和能力的物理载体，也是个性、人格、道德、价值观或"人性"的物理载体，既有理性，也有感情。无论喜怒哀乐、坚强懦弱、崇高猥琐，最终都是枝枝桠桠上进行的复杂的神经活动。假如不承认这点就会给神秘主义留下空挡，这是彻底的科学主义不能容许的。

　　意志自由的选择模型不仅断言由知识存储的物理状态决定系统的末态，决定信息的选择价值，而且也给感情生活预留了足够的空间，使其产生的机制同样具有科学的解释，适合普遍的形式分析。人的知识一大部分是关于外部世界如何运行的，它们一般通过观察、灌输和学习直接获得，但还有许多是关于各种抉择付诸实施后所得的成效或后果，需要经由信息反馈获得。事实上人对自身行为几乎实行"全记录"，所以熟知这些后果，它们要么成功要么失败（也可部分成功部分失败，但这里不谈细节），反馈信息在大脑同样会形成累积，称为"经验"。经验也是知识，也淀积在枝枝桠桠上面，影响后来的抉择：成功将受到鼓励，失败则尽量避免。可以用"购物模型"来解释经验的积累和感情的产生。购物前要先了解商品的性能和价格，如有 A、B、C……若干商家出售需要的商品，所谓理性抉择就是挑选其中最价廉物美的一家，例如 A。其他因素，如距离远近亦可列入综合评估。假如确在 A 购得满意的商品，表示抉择成功，同时便开始了经验的积累。多次成功之后再购物就可能不经仔细评估直接选择该店，这表示 A 从经验中取得了某种选择优势，改变了抉择程序，或对该店产生了"感情"。

　　注意这里的"成功"不包含社会价值的判断，仅仅指实施后果同先前的预期一致，未必都是积极进取，个人意图完全可能消极、颓废、苟安，甚至自私和犯罪。这类意志同样可能"成功"，如此才有感情、个性、人格和道德等的多样性。通常经验越丰富感情就越深厚，因此感情可以积累，可以培育，当然也可能破坏或转移。例如 B 的经营改善，商品质量价格都胜过了 A，再去 A 购买就不是最佳抉择，对 A 的印象或感情也就自然改变。另外，经验虽然首重亲身实践，即个人的思想行为抉择是否成功，却不排除对他人抉择成功与否（他人实践）的观察，甚至包括道听途说（如轻信谗言，并随即改变对人对事的态度）。在深入的研究中还要考察感情积累的反面，或过分亲密反而易生嫌隙，但本书将只勾勒问题的梗概。

　　显然，理性和感情（经验）作为抉择方式的基础是互相独立，甚至互相排斥的。理性分析成败的原因，由"理由"决定选择价值，购物的理由就是商品价格性能的综合比较。而导致感情的经验则不分析理由，只统计结果，记录成败，带有概率性（成功越多概率越大）和综合性（结果是原因的综合表现）。这是造成两者的差别和矛盾的根源，但它们在根本上仍然是一致的，因为毕竟要理由正确（确实价廉物美）才会有成功的抉择。通常认为理性"重于"感情是因为无论经验如何，只要比较价格性能便能得出正确的抉择。但实际上并不如此简单，常常有信息不完备的情形，而搜集信息并不容易，这使理性抉择也会引入概率或经验的判断，使两者发生纠缠。当然应当强调，实际情形千变万化，不是事事和处处都能套用过往的经验，所以需要反对经验主义，避免感情用事，更不能"用感情代替政策"。由于两种抉择相对独立，最终的选择价值取决于两者分别给出的选择价值的乘积，所以选择模型把经验的选择看作是给理性分析叠加一个"权重因子"，经验越丰富，感情越深，权重因子越大，这称为成功选择的"累进加权"作用。

购物模型可以推广，各种感情均可纳入这个概型，例如亲子关系，男女情爱等莫不如是。襁褓中的婴儿需要照料，它一般从母亲那里得到最多的关怀，感到最大的安全和舒适，这也是经验的积累。哪怕婴儿尚不具有语言的思维，但他（她）同样有意志，出生几个月就能区分生人熟人便是证明。男女情爱也一样，它包含审美，而审美倾向不是旦夕形成的，所谓"一见钟情"正是业已形成的审美倾向和对象之间的偶然契合。这充分证明感情源于经验，代表成功和失败的经验累积，这就是感情产生的机制。当中自然还有其他复杂因素，如情绪的外在表现，和生理过程如内分泌的关系等，不能一一讨论。但可以肯定的是，经验累积是导致感情的主线索，反馈信息和其他知识一样，都影响人的长期记忆或神经元上枝枝桠桠的生长与发育，并强烈依赖个人的生活轨迹，因此具有明显的个体差异。

　　理性和感情的矛盾早就引起人们的注意，最先触及这个问题本质的是物理学家尼尔斯·玻尔，他有一个著名的"并协（complementary）哲学"，理性和感情是其中重要的"并协对子"之一，既排斥，又互补。"排斥"是指当对感情作理性分析时感情就会消失：检讨盛怒的原因时怒火其实已经熄灭。"互补"则是指两种表述均不完全，只有两者结合才构成现象的完整描述。并协概念是他从分析微观客体的"波粒二象性"得到的，即这些客体有时像波动，有时像粒子。波动是连续的，粒子是间断的，所以两者互斥。但只用粒子或只用波动均不足以充分表达客体的行为，只有两者兼用才算是完整的描述，这个意义下波和粒子两者是互补的。玻尔把并协的概念推广到许多情形，例如生和死便是另一个对子。生命无疑有各种生动的表现，但如将它"还原"为更基本的物理、化学过程，活物立即成为死物。这启示我们，互补可能和系统的层次过渡密切相关（由非生命现象过渡到生命现象），而生的特性只有对整体而言才有意义，它属于较高的层次。正如胃中的物理化学过程只有不脱离人的整体时才能称作"消化"，因此消化是高层次的整体特性，必须经层次过渡才能产生。而感情作为各种理由的综合表现，也处于比理性更高的层次。

"人文"和"科学"的关系奥妙也正在这里，人文主义者只看到差别与对立，却看不到两者的互补。以情感而论，它既有外在的生动表达，如同在文学中描写的那样，也有作为其基础的内在物质过程。外在的表达有综合性，居于较高的层次，而内在的根据则可以分析。检讨盛怒的原因可以涉及思想的意涵，如追溯到爱憎的选择趋向，属于较高的层次，往下则可深入到思维的本性，直到构成情绪反应的物理化学过程。由于两者的互补，所以对感情的科学分析有权作为人文描写和研究的指针。

对于个性、人格、道德或较为具体的价值观之类均可照此办理，因为所有后天形成的"人性"特征都依赖于经验，都有累积效应，都表现为特定的选择优势。而经验只判定成败，不追溯过程和原因，它们可以概括为广义的"爱憎"，纳入和感情类似的框架，归根结底属于赞成和反对什么的问题：勇敢反对怯弱，开朗反对抑郁，无私反对自私，伟大反对猥琐等。这些机制证明了普遍的形式分析的可能性，是科学深入"人心"或"人文"的着力点，足以突破任何"心防"，直到最后揭示思维的本性。当中还可能进一步牵涉到社会价值评估（该不该爱和该不该恨，爱恨是否正确）的问题，它依赖于趋向何种非平衡定态，物理上最终是源于过程的不可逆性，因此才会有对立的两极，或称"真善美"和"假恶丑"的对比。

不能不承认一个道理，即科学告诉了我们许多事情，虽然它尚不全知，但把未知变成已知只有科学这条"惟一"的途径，除此之外不可能有别的途径，这便是"科学主义"。人文和科学尽管互补，但认识论上人文绝非科学的替代品，和科学"平起平坐"，在科学之外还有另外一种真理，那是大错特错了。

　　极端的人文主义者只是极少数，多数人并不把"人文"同科学对立，但他们对"人文科学"的科学性却与自然科学家有不同的理解。根源全在人文科学不做实验，民众不是小白鼠，也没有人甘心听从摆布。只有为政者推行的各种方针政策其实通通带有试验性质，不管说得如何天花乱坠，究竟对不对最后都得看效果。由于这个区别，人文或社会科学家对待实证标准的态度经常模糊，不少人在推动历史发展的究竟是客观规律还是人的意志问题上始终游移，总想讨便宜从"人心"中寻求答案，并不拿实证标准当真。尽管严肃的科学家口头上都承认实践标准的地位，但这类学科的实践检验常常不能立见分晓，有些结果需要以历史而不是人的生命作尺度来衡量，还有大量结论包含争议，需要区分主流支流，不像自然科学那样泾渭分明。这使得实证标准在这类科学中常常显得微不足道，可有可无，形同虚设，许多人只把"言之成理"或"自圆其说"当作判据，并在其中掺进主观的标准。

　　这首先影响理论体系内在的自洽原则，所谓的意识形态分歧使人文或社会科学分裂为不同的"板块"，尤其政治思想，东西方怎么可能写出统一的教科书？这固然

与社会生活的复杂性有关，同时也是由于社会研究直接
牵涉人的利益，一旦真理屈从于利益，利益冲突便必然
导致理论分歧。由于缺乏基本共识，论者只能自寻根基，
使"引经据典"成为这个领域一道独特的景观。大量叙
述的格式是引述一段"经典"或名言，随即抬出结论，
完全不顾逻辑规范：纵然以名言作推理的大前提，至少
该经过小前提才能是结论吧？所以这类引述只在"拉大
旗作虎皮"，根本不算推理。各种"经典名言"或"普世
价值"本无确切标准，全靠封赠，人云亦云，未必真有
严格检验。尤其大量概念含混不清，常因歧义解释引起
无谓之争。连最基本的概念如政治、经济和文化都没有
确切定义。前面提到"政治"便有三种定义，"文化"也
一样，近年来文化帽子满天飞，传统文化、东西方文化、
地域文化之外，还有服饰、饮食、建筑都算文化，甚至
连厕所也有文化！什么文化？原来是指厕所的建筑风格！
显然，这种泛文化主义不过是在糟蹋文化。

　　有个流行的科学分类的原则，它先就把社会同自然
科学相区隔，但在下 20 多年前就指出其不妥（见拙著
《社会系统》一书的附录一）。现在的情势正在证明当年
的判断，社会科学家要想躲避自然科学越来越难了，这
门学科正悄悄进行着革命，大量的科技概念渗透到各个
领域。政治斗争的战略和策略直接取决于技术条件，导
弹的射程、潜艇的静音能力等都影响战略平衡，任何进
展都立即转化为谈判桌上的筹码。犯罪和侦破的技术手
段一直在角力高下，新技术可能造成新的垄断形式（通

吃），从而影响经济走势，网络开创了新的商业模式，通讯技术大大加速了社会的信息流通并带来一系列的后果，还有声光技术产生新的感官效应、办公室的现代化提高了管理效率等等。核心事实是，任何社会生活事件均可分解为特定的自然过程，不仅生产活动分解为工艺流程，就连最高级的政治活动，包括总统竞选也不例外。所有的社会生活事件都是由特定的自然过程按特定方式组合而成的，事件的社会含义或功能依赖于组合方式。各行各业，农工商、文教、军事等由专门的社会科学研究，要提高效率只能在组合方式上下功夫，尽量采用新技术。这表示技术进步直接改变社会的组织形态，既然如此，研究社会还能再画地为牢，靠人为"约定"，到"人心"中找答案吗？显然不能，相反，必须重新认识自然规律的社会意义。比如万有引力定律，它不光使人"日出而作，日落而息"，更关键的是没有它人就不需要移动重物，由此才会有肌肉的生长和机械、机器的使用，才有交通运输业的存在和发展。对于电磁学和其他自然定律都得有这个眼光，不能把它们"看扁了"。既然社会运动处于物质运动形式发展大链条的高端，那么自然过程的基础变了，变成高科技了，上层结构（社会生活的各个侧面）也必须相应调整，社会科学因此极需同自然科学"接轨"。

习惯的想法把经济活动只看作社会生活的"一部分"，技术开发则是经济发展的"一部分"，这背离了系统论要求对局部采取全局观点的精神，不能恰当解释技术特性何以向社会各个层面渗透的原因。人体的器官既是局部的，又关系全身，肺管呼吸，但全身的氧都靠它供给，所以一个器官出了毛病便可能危及整个生命。观察社会分工要注意其结构性关联，否则会模糊战略眼光，忽视局部的整体功能和全局影响。电气时代，信息时代，原子能时代等，这些新技术都发端于局部，却都带来了全局的影响，便是明证。

自从进化论揭示了人类的起源，断言社会是自然界发展的产物以来，这个概念迄今未对社会研究带来实质的影响，人们顶多拿它当套话说说，现在我们终于走到了这一步，要去完成整个物质世界的大统一。其实任务非常具体，就是要直面考察这个高度复杂的大系统如何实现层次的过渡，它的高层次系统是如何从低层次系统搭建出来的。借鉴生命体的复杂系统，它依靠的是各自独特的信息分子 DNA，所以基因的变异会带来物种形态的变异，构成进化的动因。人类社会也有自己的 DNA，那就是社会的生产技术信息，以何种工艺进行生产不仅决定社会的经济形态，而且最终影响政治制度。社会生活固然是通过人的有意识活动实现的，但人必须受控于发展的客观规律。从原始的刀耕火种到机械化、电气化，直到今天的信息化，技术发展改变了人的生活方式和思想观念，改变了社会形态，它曾被概括为"生产力决定生产关系"，"经济基础决定上层建筑"的原理，虽然这些论述的方向大体正确，语言却不符合现代科学的规范，必须按照系统层次过渡的普遍概型，将它们纳入新的概念框架。这个普遍概型源于不可逆过程的热力学，诞生于20世纪50年代，随即被用于解释生命的起源，消除了生命现象和古典物理学之间的表面矛盾，大大促进了基于精密实验的分子生物学的建立。这也同时带动了当代科学的另一个前沿：思维的本性。虽然分子水平的神经生理学的实验研究具有特殊的高难度，但各种相关的概念仍在蓬勃生长，图形识别、人工智能、认知心理学等新兴学科正在合力酝酿这个领域的重要突破。它将彻底抛弃神秘的灵魂概念，把对思维的认识完全奠定在现实的物质过程基础上，从而消除了把社会同自然现象割裂开来的主要概念壁垒，使人可以理直气壮地将不可逆过程热力学用于考察社会的结构和秩序，以演绎的方式打造全新的社会科学理论。

从还原论来看，高级运动形式应当由低级运动形式的规律说明，就像用量子力学去解释原子的化合分解一样（量子化学），因此社会的运动规律应当而且必须从自然规律中"演绎"出来，这是社会科学和自然科学更深层的"接轨"。对于习惯了把社会生活看作独立的现象领域，因而只顾"自行立说"的社会科学家说来，这似乎难以想象，不过在下已经冒昧这么做了。初步结果表明，社会生活的基本概念，从经济到政治，差不多都能演绎地生成。换言之，按照系统层次过渡的普遍规律，特别是第十二节提到的"自由度缩并"的规则，的确可以给出属于高层次系统的新的信息通道，证明它们反映社会生活的一个侧面或一种特性，和先前的常识定义大体一致，而概念之间的联系则决定各种社会生活的准则。这当中自然会有一些新观念与现有的不尽相同，却因来自推理，无需杜撰，故而有根有据。

人的认识发展顺序是先在各个现象领域分别进行，然后将不同现象领域联系起来，概括出更深层次上的普遍规律，再向特殊的现象领域推演，得出各种实用的具体规律，所以演绎是科学发展的更高阶段。另一方面，通过演绎同自然科学接轨也可以说是替社会运动的规律"寻根"。心理现象的"根"在生理过程，生理现象的"根"在物理和化学，而社会现象的"根"则包括整个自然界，也就是所有的自然规律都在向社会演化的过程中扮演自己特定的角色，所以前面在下故意要把万有引力定律同交通运输（或其他产业）扯到一起。演绎理论的一个重要后果就是可能消除所谓的意识形态分歧，在社会研究中全面贯彻理论的自洽原则。因为演绎的出发点是不可逆过程热力学，它是结构和秩序产生的普遍理论，已在其他领域得到实证，并获得公认，只要演绎步骤严格遵守逻辑规范，所得结果便不应有任何歧义。演绎过程也不会依赖任何个人，掌握了基本原则之后谁都可以进行，就像解一道数学题，给定了条件，谁算出的答案都该是一样的。这是建立统一的社会科学理论，消除意识形态分歧的惟一正确途径，否则继续"自行立说"的模式，依靠论战来辨别是非，那是一万年也解决不了问题的。理论必须摆脱对个人的依赖，因为个人总有局限，至少有历史局限。因果律和真理的惟一性使我们确信，意识形态分歧导致的对理论的自洽原则的破坏绝不具有永恒的合理性。

通常认为当代科学有四个前沿，"基本"粒子的结构，宇宙模型，生命起源，思维本性，但从物质运动形式的发展来看，还应当加上第五个：社会的结构和秩序。其中思维的本性是块硬骨头，但易于着手而获益最大的反而是社会的结构和秩序，只消给它找对了出发点（自然界）即可澄清许多是非。显然，社会科学必须先实现统一才有可能真正走进科学的殿堂，并有助于指导实践，消除各种社会的乱象。

# 十五  语义哲学和操作主义

　　一辈子做研究，同各种各样的概念打过交道，难免将它们互相比较。从心眼儿里说，喜欢物理的概念，清楚明白，不怕混淆。速度、加速度、质量和力，或者电场、磁场、电压、电流、热量、功率，哪本书的定义都差不多，纵然文字略有差别，放到公式里面，再不会生什么歧义。所以，这个物理学家做实验，只要检查无误，别的物理学家都买账。其他学科比物理差一点，但大体上也还过得去。化学中有个电负性，说是原子吸引电子的能力，这个"能力"就很含糊。电子在原子间运动，它"属于"哪个原子很难划分，所以每个原子吸引了"多少"电子并不清楚。生物学中"适应性"也一样，什么叫适应什么叫不适应，没有具体标准，尽管活得自在不自在肯定是有区别的。最讨厌的是宗教、哲学和政治概念，简直把人搞得稀里糊涂。个中宗教虽然最离谱，却反而最好，因为它以信仰为基础。上帝啦、玉皇大帝啦、神、佛、鬼、妖，你可以干脆不信，只拿它当故事听，就像《西游记》一样，只要没有宗教裁判所来找麻烦，其实无所谓。要命的是哲学和政治，它们自己糊涂，却偏偏给你讲理，俨然代表真理。说它们全不对，像宗教那样也不行，有时还真可以从中吸取点东西，算得上宝贝。可是怎么判断它们哪些对哪些不对的确不容易。

　　先说哲学，比如"存在"，这其实最简单。公安机关办案，证据掌握了没有，也就是证据存在不存在，必须毫不含糊，经过鉴定后就不能再有任何争议。物理学家做实验，实验对象是原子或更小的粒子，不管眼睛看不看得见，有仪器读数，它们的存在也不成什么问题。经济学家讲财富，不管工厂、设备还是现金、股票，存在同样不成问题。普通民众更不消说了，自己那点小家当，何其宝贵，当然是存在的，小偷想让它不存在，他肯定同小偷拼命。哲学家却貌似聪明而实际愚蠢，非要以思辨去"论证"现实的存在。笛卡尔说"我思故我在"，说得很精彩，可是他"不思"或睡着的时候，难道就不存在了么？至于另一些哲学家就更糊涂了，把物质说成"感觉的复合"，使物质附着在"心"里。有人挖苦说他们吃的不是食物，而是自己的感觉。这些都是把概念搅浑的典型例子。"真理"比存在似乎复杂一点，但其实也不难，就是区分真的假的、对不对、认识是否符合实际。科学家做实验，结果和预期一致，误差小于容许范围，证明先前的假定或设想没错，那就算获得了真理。即使一次实验不够，要多次反复，也没关系。但假如说"没什么真理，有用才是真理"，那就不好办。这次有用下次没用怎么办？对你有用对别人没用怎么办？所谓实用主义就是这个意思。此外，一个大问题是关于"天"，也不知是指大气还是上帝？属于科学、哲学，还是宗教？所以天道、天人合一都难以理解。如果"天"是大气，那么它的"道"应该是空气动力学，可惜天道肯定不是这个意思。天道酬勤，说的是勤劳人家自会有好的回报，但这个回报是努力的结果，做了合乎规律的事情，是规律在酬勤，与天公何干？所以天道的概念压根儿就多余。然而人们习惯有一个至高无上的"老天爷"，说天道酬勤才是老天爷的奖赏，赫然提升了奖赏的级别。还有"天谴"也一样，坏人做坏事有几个真遭到雷劈的？天什么时候谴什么时候不谴根本没准，缺少诚信，怪不得会招人大骂"老天不公"或"老天瞎眼"。最难懂的是"天人合一"，天怎么与人合一？人有心肝脾肺胃，天有吗？变通一下，把它解释为自然界和人类社会的规律合一，也够呛。两种规律的内容肯定不同，自然界有阴电阳电，人则分男女，这就算合一？但自然界还有不带电的中性粒子，难道对应于不男不女的变态？笑话！不过自然界和人类社会确有相通之处，那是"形式科学"的对象，说"天人合一"的根本不懂，把这个意思安到他们头上太抬举他们了，纯属乱扯。还有人心、人性都有类似的问题，就不一一解释了。

再看政治领域。所谓民主、自由、人权、公平、正义，从来就没弄明白过，可偏偏它们用得最多，耳朵都磨出茧子了。必须声明，这不是反民主、反人权……在下指的是概念，不是实际生活，是语文不是政治。像"人民当家作主"，它究竟是什么意思？是指"决策"吗？可千千万万的民众怎么决策？基层小范围大家商量商量或许可行，而在大范围，别说一国，就是一省一市也很难。或者想到普选，可第十一、十二节分析过，它必然被随机性左右，根本达不到做主的目的。做主就必须"因果地"选出好人，而普选却未必，甚至不排除选出坏人，多数是平庸之辈。其实在普选中民众只是竞选者决定胜负的人头、是工具，哪里是在作主或决策？至于发表意见和维护权益，至多叫咨询或维权，并非决策本身，谈不上作主：咨询未必管用，维权也不保险（权利可被权力侵犯）。实际上民主一词不过是一个大口袋，什么好东西都往里装，因此违背了概念定义的原则，缺乏确切的内涵。这种大口袋不同于类概念和种概念的从属关系，如五金工具包括钳子、扳手、改锥等，内涵小而外延大，民主牵涉的咨询、决策和维权却不是这种情形。

　　自由更是如此。什么是自由？物理学中的自由是不受任何外部作用，表示孤立物体其运动不会发生任何变化，也就没有任何活力。社会生活中的自由虽不如此简单，却也与此相关，它指思想、行为不受干涉，可以把个人意志贯彻到底。但这便立即发生问题，大家一起生活，怎能不受限制或干涉？不说别的，在"完全自由"即没有强买强卖的市场购物，哪怕你我互不认识，但只要你还价太高就必定限制我还价的自由，可见绝对的自由根本不存在。关键是哪些不应受到干预，哪些却不能不受干预，还有以什么方式干预，干预到什么程度才合适等等，可这些都不包含在"自由"的概念中。

可能认为在下这是故意抬杠或"矫情"，不然！现在人们常常以"自由"为名替自己的各种行为辩解，逻辑是"因为"人有某种自由，我便可以如何如何，但却不去具体论证自己行为的合理性。比如记者发表了一篇"揭内幕"的文章，自然引起了当事人的反弹，记者便抬出"新闻自由"的理由。但这算理由吗？难道新闻自由是说任何事情都可以随便往外捅吗？在下也许非常赞成记者的文章，但同样认为必须证明发布的消息有应该或非发布不可的具体理由。之所以出现这类实际问题，就因为"自由"本身的定义不清楚（哪怕对军事机密、个人隐私等有些明确的限制，仍不完全），在下这里批评的是概念，不一定是记者。

人权也一样，到底哪些该是你的权利，哪些不是你的权利，每种权利有什么限制，也都只能针对具体的社会环境和条件进行解释和论证，而不能抽象主张，说什么权利是与生俱来或"天赋"的，要是天赋，直接向天要好了，何必在人间找麻烦呢？此外还有名目繁多的"主义"，它们引发了大量的争议，即使连篇累牍的论述也未见说得清楚。不说别的，就说孙中山的三民主义，他自己就有多少版本？直到后来说民生主义就是共产主义，那共产主义又是什么？当然，孙中山是革命家而非理论家，他革命的功劳很大，不必苛求他的理论，可以容许"会做但不大会说"的类型，但这至少证明，他的理念也常是模模糊糊的意向。

　　不仅各种政治术语，就连政治的概念本身也不清不楚。什么是政治？有人说是"阶级斗争"，有人说是"众人之事"，还有说它是"经济的集中表现"。阶级斗争不消说了，什么叫阶级就不明白；众人之事也一样，公共卫生难道不是众人之事？至于经济的集中表现，怎么集中？怎么表现？在日常交谈或媒体中，政治多半指权力斗争和权力分配，但政治就是权力？看得出来，现行政治或社会科学毛病实在太多，基础很不牢固。这是在下提倡"演绎"的社会科学的原因，后面我们还将回到这个问题。

　　科学之外，还有日常生活的概念。这么说吧，凡是可能引起争议的概念差不多都表示它的定义隐含某种缺陷。比如"良心"，问题不在明显的犯罪或道德缺失，而在大量的灰色地带，划不清罪和非罪的界限，怎么谈良心？"公平"也一样，这个词被用于多种场合，财富的分配，人才的竞争，法庭的判决，等等。其实每种情形下含义并不相同，不过都在实行心理攀比，而攀比是难以有客观标准的。包括"同工同酬"和"同罪同罚"都有质疑的空间，并不一定天经地义。只有人才选拔中的"公平竞争"要求不予设倾向，或者假定把所有竞争者的信息先"归零"，含义较为确切。这当然是由于社会生活的复杂性，不便在概念的定义中纳入自我限定或鉴别的标准，甚至连"真假"这样单纯的概念都有可能含混不清。不妨同物理学对比一下，物理学怎么鉴别真假呢？

标准就是测量。说电压 120 伏，测量结果小于容许误差，这个判断就是真的，否则便是假的，泾渭分明。虽然量子测量带来一些麻烦，但逻辑选项之间界限仍然清楚。[①]物理之外，化学、生物、医学的情况就要复杂一些，不过毕竟都做实验，概念不能不具体、内涵也基本确切，系统层次越高情况越复杂，实验就困难。然而，即使最复杂的社会运动，几乎不做任何实验（但有经常不断的政策试行），仍然存在是非标准，不然世界就会彻底乱套。只是一旦失去实验手段，界限就不再分明，概念的定义也就越见含糊了。现在人们经常对某个问题"表态"，但它是真是假总不能靠赌咒发誓来鉴别吧，因此表态实际传递的信息不能不大打折扣。还有所谓"信心"，百分之百的信心就能保证事情一定成功？所以信心的概念同样包含不确定性。其他的例证更是不胜枚举，可以说俯拾皆是。

　　这种由概念定义引起的思想混乱早就受到哲学家的关注，有所谓语义哲学的专门派别。除了一些太钻牛角尖的之外，不少人都认为，许多社会罪恶和冲突正是由于人们不了解语义规则而乱说话，感情冲动造成的。远的不说，就说民主政治引发的种种争议，它代表了当今

---

　　① 量子测量中有所谓"不确定"的情形，它只给出测量结果为某个数值的概率，在真假之外出现第三种情形。一、真：一定是某值（误差合于要求）；二、假：一定不是某值；三、不确定：某值出现的概率为若干。它是所谓"多值逻辑"的由来（平常只有"真假"两个选项的逻辑称为二值逻辑）。但即便多值，选项间仍有明确的界限。

世界最主要的意识形态分歧，甚至酿成国与国之间的战争。难怪某些学者抱怨，说社会文化领域"百分之九十的争论是名词之争，剩下的百分之十依然是名词之争"。这个调侃虽未经严格统计，但本节的所有例子均可作为佐证。思想支配行动，理论争议肯定影响实践。尤其中国现在的平均教育水准大约只在初中上下，即使上过高一级学校，实际语言能力也未必合格。在下有一年农村工作的经验，目睹基层干部连文件的字面意思都念不懂的痛苦，他们固然要提高文化水平，但同时也要消除概念混乱带来的折腾，包括媒体为吸引眼球而故意生造的词语。还有现今网络上的语言暴力，大量帖子的逻辑混乱，哪里是在讲理？这些网民许多都受过良好教育，然而其语言和逻辑分析能力却很对不起他们的文凭。因此，把概念精确化、规范化对于社会运作和发展意义确实很大。

开几帖药方吧。当然首先还是要回到基本的逻辑层面，因为许多简单的逻辑规则都被破坏了，民主到底是决策，咨询还是维权？不同的东西混为一谈，首先就违背"同一律"。假如说"三位一体"可以整合出"作主"的内涵，则需要明确彼此的关系。然而大范围的集体决策必然有信息的随机分布，它不能不影响以至破坏正确决策所需的因果控制，从而根本上否定了"民主"的意义，这是一个致命的问题。只要对民主概念进行语义学分析都能看得出来，所以它危及"民主政治"的理论基础。这使人认识到，必须充分了解概念所针对的实际情形，才能准确规定和表达其内涵。先前有一点误会，似乎概念的定义有任意性，依赖于作者的选择，因为它只指明现实的要素或方面，不像定理或定律，必须经过严格证明。现在来看这并不全对，概念既然表达现实，指认就必须准确，现实复杂，概念就不能简单，即使单独抽象出一个侧面，也要该侧面能和其他侧面相对独立，这是衡量定义是否恰当的重要标准。

概念的定义遵从逻辑规范的另一个标准是用来定义其他概念的概念必须自身是明确的，假如自己就不明确，就不能定义别人，以其昏昏何能使人昭昭？"政治是经济的集中表现"就有这个问题，这里"集中"是从日常生活语言中借用的，别处明确，此处却很不明确。权力集中还能理解，个人或少数人掌握大权，但"经济"怎么集中？把产业缩并为一种？把工厂都搬到首都？荒唐！再较真一点，什么是经济也说不清楚，经济就是钱？就是产业的总和？那消费又算什么？分配又算什么？如果经济是这些的总和，那"集中"又是什么意思？弄不清它的意思，怎么能将其放在句子的谓词中？

各种概念的定义中不含自限或鉴别的标准使人联想到新实证主义的一个重要派别，即操作主义。为什么物理概念显得更为明确呢？就是因为它们包含测量的标准，或者在定义的时候就给出了测量的途径。在下最初见到这个词是在 20 世纪 60 年代，冷战造成世界上"两大阵营"的尖锐对立，操作主义也被列为"资产阶级哲学"。但在下的专业是物理，新实证主义"披着科学外衣"，讲求逻辑分析，对年轻的我其实颇有迷惑力，一些主张心里觉得有理，只是功底浅，缺乏自信。现在也未必真有多少把握，不过见识过各种各样的故弄玄虚后，相信只要别走太远，就事论事，合理的要求都是可以具体论证的。什么要求呢？就是对理论、语句或判断的可操作性要求。这也许不完全符合操作主义的原意，但在下并不在乎，只要内容合理，管它什么主义呢！那什么是可操作性要求呢？从正面说，就是由于科学的实证性要求把结论同实际生活对比，其中的概念和对过程的描述就一定要和实验、实践中的对应元素相符合，至少要能够转换为实验、实践中可测量和调控的参量。假如两边牛头不对马嘴，理论概念和实际过程根本搭不上界，无从比较，这样的概念便被认为是不可理解，因而不能接受的。

这立即就排除了各种虚构或非现实的概念。首先是宗教，它只讲信仰，不讲实证。上帝啦、神仙啦、精灵鬼怪啦，通通不算数了。本来，这些东西有人说有，有人说无，怎么办？在下不信上帝，但要证明上帝不存在也很困难，顶多说迄今谁都没有亲眼见过或亲手摸过。可宗教人士却坚决反对，举出许多故事描述上帝怎么"显灵"。假如你说所谓显灵不过是幻觉或伪装，可以一一破解，但架不住故事太多，情节纷繁复杂、光怪陆离，以个人心力怎么破解得了？科学家不信鬼神主要是因为它们背离科学规律，真有超自然的力量科学规律还怎么成立？但这不能代表普通民众的认识，所以鬼神仍有生存空间。宗教人士常说"上帝在你心中"，但外科医生天天解剖人体，从未发现上帝的影子。何况上帝什么样子，方的还是圆的？还是费尔巴哈聪明，首先看出了不是上帝创造了人，而是人创造了上帝。人能做许多事，但仍有许多事不能做，于是便创造一个"全能"的上帝；人知道许多事，但仍有许多事不知道，于是便创造一个"全知"的上帝。其实这个创造不过是一种假设，永远无法证明，因为它缺少可操作性。对于未经证实的假设，只有信和不信两种选择，而且找不到根据（未经证实就是没有根据），所以这种信只能称为"迷信"。一切宗教都只能建立在信仰或迷信的基础上，一旦要求实证便会穿帮，所以宗教一律反对实证，实在说不过去便宣称"诚则灵"。类似地，各种有关"天"的命题也都没有可操作性，谁能对"天"进行操作？

"民主"等概念同样背离了可操作性要求。虽然咨询、决策、维权都代表有意义的操作行为，但把它们凑在一起的民主或"人民当家作主"却是个大杂烩，反而失去了可操作性，甚至无法整合。在下也避免用"民主集中"的说法，因为"集中"一词用于意见的整理、加工时含义同样不确切，意见可以分类、归纳（找出共同点）和分析（鉴别其真伪、合理性等），但"集中"却很含糊。实际应用中它可能代表归纳，也可能代表权威意见对其他意见的否定，并无明确的规定。

一个重要的质疑是，满足可操作性的要求，具体概念较为容易，它们与实物因而与感觉、测量的关系很直接，比较直观，抽象概念却不行，很难与测量或操作行为发生关系，难道将它们都通通抛弃？那样语言的表达能力岂不大受限制，变得残缺不全、没法说话了。的确，可操作性的要求有些太过严苛，生硬地贯彻并不合理，所以上面叙述中在下特地加上了"可转换为"的字样，以图扩大其涵盖范围，使之能够包容某些抽象的概念。假如抽象概念是从具体概念产生的，那它就适合"可转换"的条件。比如伟大和崇高，它们是从各种伟大和崇高的具体事件中归纳出来的，这些事件都有确切的意涵，而作为形容词的伟大和崇高则是对其中的共同特征的归纳和概括，这个共同特征就是对自我的超越，或者说"忘我"，没有一件伟大和崇高的事情不包含自我的奉献，甚至生命。许多抽象概念都源于这种从特殊到一般的过渡，但也还有其他的情形，例如许多描写心理的概念，可惜本书不能一一讨论了。

　　社会科学家和文学家一定会批评操作或测量太过褊狭，大千世界，各类活动林林总总，怎么专挑可操作性或测量来鉴别概念的明确性呢？其实，在物理世界测量是接受信息的惟一方式，而且容许对测量作广泛的解释，不必非用什么仪器不可，而是任何物体感受另一个物体的作用均可看作测量。因为作用有大小，它引起物体运动状态的改变，如何改变就传递作用的信息。由此可见，测量的意义之所以"明确"全在于它传递信息，这才是概念明确性的真正标准。反之，如果概念的定义不传递有意义的信息，那它就是不明确的。原因很简单，信息的本质就是"不确定性的消除"。两位总统候选人，投票前胜负是不确定的，投票后尘埃落定，不确定性就消除了，同时传递一个比特的信息。物理测量无疑满足信息的要求，它提供被测物理量的数值，是这个而不是那个，也是消除了不确定性。别的操作不一定给出数值，但传递信息是一样的。比如咨询、决策乃至维权为什么意义是明确的呢？因为它们同其余管理操作属于同一序列，管理操作很多，发布命令、检查工作、协调关系等都是。征求意见也是其中之一，这事不同于其他，说到咨询自然就排除了下命令等其他操作，所以这个词传递了有意义的信息，作为概念应该是明确的。

　　信息的传递表示有信息的"通道"，通道并不新颖，也不拘泥于具体的技术实现。说白了，它就是事物的特性，知道事物的特性就获得了关于它的信息，所以特性是信息的通道。有了通道才能彻底解决概念的明确性问题，并且自然融入系统层次的过渡或高层次系统的搭建过程。因为这个过程中的"自由度缩并"是新信息产生的途径，并自动提供新概念的准确定义。自由度也不新颖，它同样代表事物的特性，不过是从另一个角度来说的。当用若干指标来表征某一事物，像列举考评项目时，每个项目均可看作一个自由度。复杂事物的自由度很多，因为它需要更多的表征，简单事物的自由度则较少。最明确的概念只代表一个"分离的"自由度，就是说不与其他自由度（特性）纠缠。纠缠意味着关联，而关联总是减少信息量，因为 A 和 B 的关联表示从 A 能"部分窥知"B，或者相反，从 B 部分窥知 A，它一定使总的信息量减少。

那什么叫自由度缩并呢？可以用物品的技术特性来说明。比如篮球，它有一定的重量和尺寸，球胆不能漏气，充气程度决定弹跳力，还有表面的手感，不能扎手，也不能太光滑，否则抓不住，球还必须滚圆，不能畸形，否则拍打会乱跳。这些都是篮球品质的指标，属于技术自由度，只有都合格，才能将它用于篮球游戏，或"缩并"为篮球的"用途"（比赛或健身）。电视机也一样，它有许多元件，各有技术规格，因此技术指标（自由度）很多，只有样样合格电视机才能正常工作，用于观赏节目。可见物品的"用途"是经自由度"缩并"产生的。用途可能不止一个，也是自由度，但它不会很多，至少不多过技术指标，所以我们有自由度的"缩并"。缩并的情形很多，远不止物品的用途。比如经济学的成本，它有许多项目，原材料、工资、能耗、房屋土地、设备折旧，甚至税金，最终一起缩并为成本。社会生活有许多方面，到处都有秩序，每种秩序则有特定的具体内容，人的行为要么违背它，要么遵守它，只有两种基本情形，于是可以定义合法和非法，或者道德和非道德的界限，代表社会对违背某种秩序的容许程度。缩并后得到的用途、成本或"合法非法"都是事物的新特性，代表了新的信息通道，相应的概念内涵都是非常明确的。由这些概念还可以派生其他的概念，例如由成本派生出"利润"等等，实际上能够涵盖经济和政治的所有基本内容，因此这种定义方法非常普遍，而且最为彻底。

　　这个方法代表了社会科学的演绎，启示了将各种概念"技术化"的可能，即将它们都归结为或联系到经过实证的自然科学和形式科学的概念，从而使社会科学从内容上实现同整个科学体系的衔接。说到底，人类社会是在自然界发展的基础上产生的，社会系统就应该从自然或技术系统按照层次过渡的普遍规律来搭建，在层次过渡中有新信息（新特性）合乎规律地产生，信息通道非常明确，自然赋予概念以明确的定义，无需各自去归纳经验事实，避免造成分歧。这也同时证明了世界的统一性，即社会生活中依然大量保持和自然界类似的形式关系。这是信息、控制、系统，乃至反馈、熵、结构、秩序、复杂性等概念能直接用于社会现象的原因。所谓社会秩序不过是程序结构，和计算机的软件结构完全类似。它附着在物质系统（硬件）上面，耗散能量，也属于耗散结构，因此描写社会秩序的概念不需要"另起炉灶"重新归纳，而只要研究这些基本概念和形式关系在社会生活中的特殊表现就够了。

　　精确的科学定义未必适合人的语言习惯，而千百万人的习惯势力是最可怕的势力。有些概念科学上完全错误，仍然会继续使用，纠正非常困难。典型的例子就是"心"，所谓"心之官则思"，以为思考的部位在心而不在脑。谬种流传后，衍生出大量的词语和成语。心灵、良心、用心读书、用心良苦，还有胸襟、胸怀、胸有成竹、胸中自有雄兵百万……口口相传，代代相传，谁能把这类词语从语言和文字中抹掉？"心"的混乱不仅中国有，外国也一样，说心里话英文是 from the bottom of my heart，还有 heart – broken 代表真正的伤心。当然，这些并不要紧，只要大家"心里明白"思考的部位在大脑就行。尤其是，对表达心理现象的文学语言不能从字面较真，比如"海枯石烂不变心"，哪里真见什么"海枯石烂"呢？但人人都明白它是什么意思。所以文学家和小说家大可放心，整肃概念的定义绝不妨碍他们巧妙运用各种生动的比喻，他们的创作依然有充分挥洒的余地。

# 十六　缘分和运气：随机哲学

旧时代的婚姻靠"父母之命，媒妁之言"，一切由老人掌控。掌控的标准，首先是"门当户对"，然后才是婚姻当事人的个人特质，如《红楼梦》中贾母说的"模样儿、性格儿"之类。一般说，女方希望男方经济稳定，靠得住，而男方则要求女方贤慧，会操持，能过日子。"郎才女貌"或"鲜花插在牛粪上"则属于外人的评论。到 20 世纪五六十年代，婚姻自主了，但强调"志同道合"，成为"革命伴侣"，标准变了，突出政治，却依然摆明了结合的原因。八九十年代之后才逐渐兴起"缘分"一词。缘分是什么？好像谁也说不清楚，也无需说清楚，它只是原因的替代品，一说缘分，听者便似乎得到一种答案，但答案究竟是什么却谁也不明白，它是无需解释的一种解释。不过，世上绝不会有无原因的婚姻，一对新人的结合肯定都经过仔细的挑选和斟酌。缘分不过是把原因掩盖起来，或者很难用言语来表达原因。其实在爱情中主要的因素是审美，包括内在的和外在的美，不过一般人很难把自己审美倾向的具体内容条理清晰地归纳出来，结果有原因也变成没原因，统而言之都叫做"缘分"了。

缘分的概念当然是古已有之，"姻缘"中的"缘"就有机缘巧合的意思。所谓"天作之合"中的"天"同样是不需要解释的，谁能真的揣测天意？但缘分中的"缘"实际只代表"机会"，"分"才是自己应当的份额或"福分"。两人相处很好，却由于不可抗拒的外部原因不得不分手时，互相叹惜"有缘无分"，便是说我们虽有机会相遇、相知，却没福分互相得到，以致终成憾事。

缘分不止用于婚姻，也用在其他场合。商业合作是一种缘分，政治家达成某种交易，甚至赶上某个好时机，都可以用缘分来表达。综合各种情形下缘分的用法可以看出它表达的是一种机会，却对"为何出现"或"怎样造成"这种机会一无所知。这表示"缘分"说的是一种偶然性，而不是必然性，因为知道了事物的必然，掌握了它的规律，就能实行控制，属于努力的结果，不再是什么缘分了。

但偶然性背后永远是有原因的，婚姻中择偶其实都有原因，爱情的原因主要是审美，婚姻则还有其他的考量，如经济和社会地位等。当年培根为了说明"所有的"偶然性背后都有原因时，举了一个有趣的例子，说一个秃子正在走路，忽然半空中掉下一只乌龟，正好砸在头顶上。这事看似偶然，其实也是有原因的。那就是秃鹰在水边捉到乌龟后需要把它从高处摔下来，在岩石上砸碎硬壳才能吃肉，秃子遭到的不幸是因为秃鹰把他光亮的头顶当成岩石了：误判也是原因。然而，不是所有偶然事件背后的原因都能说得清楚，只可以肯定事件一定"有"原因，但原因究竟"是什么"却未必能够表达。这个"有，却说不出"的状态值得认真体会，有人较真说：说不出就是没有，不对！说不出只是个人的局限，不代表事件没有原因。

　　说不出有两种情形，一是知道原因，却由于原因太复杂难以表述；二是暂时还搞不清原因，但将来一定可以搞清、弄明白。前者适合于大系统，例如解释凝聚物质（气体、液体、固体）的性质。它们都包含大量分子，每个分子的运动规律原则上都知道，但架不住分子数目太多，没法一一描述，因此"说不出"。所以，比如在涨落现象中，为什么是这（几）个分子冒出头而不是另外的分子，只能认为是偶然的。烧开水时，假定用平底锅，无论加热多均匀，总是在某处先冒泡。为什么在这里不在那里，就属于涨落。因为液体的温度并不绝对均匀，而是略有起伏，稍高一点的地方自然先冒泡。原则上，假如知道所有分子如何运动是可以预期哪里先冒泡的，可是分子数目太多，不能一个个把运动方程都写出来，所以这种预期不现实，只能把哪里先冒泡看作"偶然的"。冒泡的现象肉眼可以观察，属于宏观，而分子运动则是微观的，两者处于不同的层次。这使人们得到一个印象，即宏观现象要从微观去找原因，从高层次看来的偶然现象（哪里先冒泡）在低层次却是必然发生的（从分子运动可以预期）。有个小有名气的物理学家叫玻姆，他提倡一种"层次（level）理论"，就是由此而来的。脸上长个小疙瘩，为什么长在这里而不在那里，得从细胞（微观）那里找原因，多半和皮肤下面寄生的"螨虫"有关。前面讲婚姻的"缘分"也是这个意思，从宏观来看，社会上这个男人和那个女人结成夫妇是偶然的，但从他们个人来讲，不管是"父母之命、媒妁之言"的包办婚姻，或者"王八看绿豆"对上了眼的自由恋爱，都有各自的原因。

另一种是今天不明白，明天总会明白的原因，或者肤皮潦草一想不明白，而掌握某些细节或幕后故事就能明白的原因。比如化学家当初发现某种物质只和这类物质反应，却不和另外的物质反应，说不出道理时只能认为是偶然的。后来从这当中归纳出酸性、碱性物质的概念，初步掌握了谁和谁反应、谁和谁不反应的规律，就不再把反应是否进行完全看作偶然的了。再进一步，知道原子的电子结构之后，更彻底弄清了原子之所以互相结合和分解的道理，便可以人为设计化学反应。至此，说不出的原因全都说出来了。一个成功的人士，大家不了解他的经历，他如何成功便被认为是偶然的，靠运气。但仔细研究了他的奋斗史，得知他在关键时刻如何把握情势，把握自己，作出哪些重要的抉择，使成功的秘密大白于天下，故事的发展就变成必然的了。于是人们得到一个印象，偶然性的背后都有必然的原因。

问题是在"大白于天下"之前一段时间，人们会充满神秘感，甚至怀疑是否真有或者能否找出确切的原因。在下想要告诫的是，千万不能怀疑因果律，任何个体事件都必定有其原因，甚至测量中的偶然误差，一时很难说清楚，也必定"具有"原因。只要真下决心去找，终归能够找得出来。假如因此怀疑因果律，认定有无原因的个体现象，哪怕只有一件事，那么整个世界都会坍塌，变得无规可循。可能怀疑这是危言耸听，不然！因为可以把各种事件串接起来，成为一个大的事件，其中只要有任何环节是随机的，不服从因果律，那么整个事件就都不服从因果律了。继续串接下去，可以组成无穷多的无规则事件，它们必定能以某种方式绕进实际生活，破坏我们生活的世界的因果链条，从而颠覆我们关于外部世界的基本观念。

有一个著名的"薛定格猫"的故事，说是将一只猫关在一个小空间中，旁边放一个盛有毒药的甑，毒药溢出时猫会被毒死。甑的上方则悬挂一个锤子，当它落下时可将甑打碎使毒药溢出。可是锤子是否落下则由一个盖革计数器控制，设定当计数器计数时锤子下落。盖革计数器是专门用来探测微观粒子的仪器，假如放射元素的原子发生蜕变，有粒子放射出来，它就会计数。这些通通都是因果链接，即原子蜕变时计数器一定工作，因而锤子一定会落下将甑打碎，猫也一定会被毒死。惟一不确定的是原子蜕变，它可以蜕变也可以不蜕变。关于放射元素人们知道的只是"半衰期"，即经过多少时间将有一半的原子蜕变，可是这一半究竟是"哪些"原子却说不出，因此单个原子的寿命其实可长可短。设计这个理想实验的目的是为了揭示量子力学的本性，因为它对原子状态的描写具有概率性质，将原子蜕变和保持稳定两种情形按"几率振幅"混在一起。这样，猫的生死也就不得而知，呈"半死半活"的状态。死猫活猫都能理解，半死半活却不能理解（垂死的猫也是活的），所以量子力学和我们习惯的传统观念是"格格不入"的。

这只猫曾经引起物理学家的激烈争辩，为的是求得对量子力学的正确理解。本书自然不能专门考察几率振幅，不过却可以把原子蜕变看作是假想的不受因果律支配的随机事件的范本，至于原子蜕变是否真的不受因果律支配或只是量子力学的描述方式有什么问题将不在此讨论。我们甚至可以不用原子蜕变，改用宏观事件，并将盖革计数器替换为其他相应的装置，同样可以导致猫的生死未卜。这个链接显然允许继续延伸，由猫的生死未卜再引出不可胜计的其他故事来。由于链接不受任何限制，它具有强大的"触摸"能力（例如将猫心跳的信号引出来，让它控制另外的机件），然后使其追踪各种类型的社会生活事件，例如股票、竞选之类，最后的结果肯定是"一个螺蛳搅坏一锅汤"，一个环节没准头后面就通通没准头，一个随机事件就能把世界彻底推翻。所以单个世界的因果律是我们这个世界的基石，切切不能动摇。在没有找出事件的原因之前，绝不能先否定原因的存在。

重要的问题在于，不同的事件对个人的影响不一样，有些是好事，有些是坏事，相当于"幸运"和"倒霉"。
这是一类包含价值的判断，却并非出自主观任意性，而
是由于生命体是一个耗散结构，事件或者有利或者不利
这个耗散结构的维持。拿人体来说，结构的完整不仅要
求我们不能缺胳膊少腿，而且连内分泌或其他器官机能
的程序结构也不能紊乱，吃进食物就要分泌胃液，如果
分泌不正常（成分和数量不对），那么消化就会成问题。
呼吸、循环、运动、生殖等各个系统，尤其是神经，都
不能出毛病，都要维持正常的"硬件"（器官）和"软
件"（执行特定功能的程序）结构。正因为如此，地震对
于人是一场灾难，因它破坏人体的结构，夺去许多人的
生命，而对于震区的小石头却无所谓，它顶多挪个位置。
可见好坏的区分须和趋向非平衡定态（身体的耗散结构）
相联系，它是一切价值判断的根源。为什么必须非平衡
定态才能产生价值判断呢？因为只有它才能作为目标状
态，从而区分趋向或背离目标的正反两种过程，赋予过
程以不可逆性。假如过程是可逆的，那就不能区分正和
反。当初只有牛顿力学的时候，由于力学方程对时间反
演是对称的，即把时间反符号，正改负，方程的形状不
会有任何改变。这是因为时间变量在牛顿方程中均以
"平方"出现，正负数的平方都是正数，完全等价，所以
牛顿方程不区分时间是否"倒流"。可是我们生活的世界
时间总是单向流逝的，有"光阴一去不复返"才有年华
易老的感叹。宏观上解释时间的单向性可以借助过程的
不可逆性，而最典型的不可逆过程则是趋向（或背离）

非平衡定态。

　　不同的非平衡定态代表不同的目标，同时代表不同的利益，产生不同的价值判断。利益概念和价值判断是一致的，有利的才有价值，反之则没有价值或只有负面价值，两者不过是说法不同而已。假如以人体的非平衡定态为目标，趋向它的过程是有利的，背离它的过程则是不利的，能更好地趋向于它的过程则更为有利或更有价值。平常物质利益的概念就是由此而来的，因为维持人的耗散结构必须消耗物质。假如人可以不吃不喝，甚至不呼吸，那么一切消费品，甚至连空气都是多余的。思想价值则系于特定的思想结构，它影响社会秩序，而社会秩序的价值判断归根结底还是要回到人体自身的耗散结构来。能促进社会发展，创造更高的物质和精神文明，从而更有利于人类自身发展的社会制度才是更先进的，具有更高的价值。

　　价值判断造成趋利避害的行为，希望走运而不是倒霉，然而这种行为对随机事件却无能为力。事件既然随机，发不发生或如何发生都不能预期，也就无法掌控。对于好事情，中国的老话是"可遇而不可求"，"遇"是被动的，"求"是主动的，不可求就是无法采取任何手段或措施使好事因果地必然发生，降临到自己头上。换言之，努力都是白搭，甚至适得其反。那么人还发挥主观能动性干什么呢？原因就是所谓"幸运"并非是天上掉馅饼，或者一下捡个大元宝，而是出现某种有利于自身发展的机会或态势，必须认真把握、善加运用，才能最终获得对自己有利的成果。换句话说，幸运并不现成，还得经过相当努力才能把机会转变为利益。这就需要个人有相当的本事，做好相应的准备，不然机会稍纵即逝，白白错过，结果毫无收获。这当中就体现人与人的差别，有人准备得好，有人却没什么准备，有人能看出是机会，有人却看不出来，其间思想认识的水准和功夫的累积不能没有高低优劣之分。

倒霉的情形也一样，倒霉后的最大原则就是要把损失减少到最低限度，迅速走出逆境。这和把握幸运的机会，并将其运用到极致原则是一样的。但在逆境时，不仅需要智力和功夫的正常发挥，而且往往需要逆向思维。股神巴菲特自称"众人疯狂我恐惧，众人恐惧我疯狂"，说白了，就是在艰难时刻要看到希望和光明，从不利中找出有利的因素。趋利避害是个体最基本的行为准则，可称为个体的"变分原理"，或最大利益（最小代价）原则。注意这里的个体不一定是指个人，也可以指集体的单元，比如公司、学校、社会团体，甚至一个国家，只要存在整体利益，就会有整体的趋利避害行为和整体的变分原理。

一个饶有兴趣的问题是，是不是在集体行为中只要每个个体都做到最好，整体就一定最好呢？很多人只会简单的算术，以为答案是肯定的，其实不然，整体的最好并非简单的个人最好相加。从小农经济一家一户的经营方式逐渐走出来，当今生产已经全面实现了社会化，人们大多实际而不是空泛地接受了系统论的一个重要原理，即整体可以大于而不是等于部分的和，许多集体才能完成的事情，分散到个体是根本不能想象的。其实在物理上这个原理毫不稀罕，不过是因为个体之间存在相互作用或关联，假如没有相互作用或关联，个体能够达到极限之和就是总体的极限，就像拼图的面积等于各个小块的面积之和一样（小块拼图间没有相互作用）。一旦系统的个体成员之间发生相互作用，造成关联，不再互相独立时，系统的运动就会发生质变，出现各种各样的形态。由此带来的整体利益将远高于个体拼命努力获得的利益之和，这是我们主张个体必须融入集体的基本理由。只有融入才能最大限度地实现个体的利益，想想今天人类享受的各种文明，有可能不经过广泛的社会分工和合作，单从一家一户的经营方式获得吗？当然不能！

　　然而发展带来的利益并不均衡，因为社会是个复杂的大系统，它的巨大的信息量蕴含着各种各样的随机性，造成世间所有的幸运与不幸。人们关心的是，各种机会对于个体是否平等？幸运儿们常常叫人羡慕甚至妒忌，但他们也未必永远幸运，于是产生了"风水轮流转"，"三十年河东，三十年河西"的冀望，期盼上帝是"公平"的。问题是，社会有没有一种内在的"机制"使得各种机会能够大致均衡地分配到所有或多数成员头上呢？可以认为这种机制至今没有发现，即使有也绝不会像某些人想象的那样可以轮流坐享其成。检查物理系统，或许最接近这种机会平等的愿望的是所谓"各态历经"假设，它是说一个孤立的力学系统，运动状态不断改变，假如时间足够长，则将"遍历"所有可能的运动状态。之所以有"可能的运动状态"的限制是因为有能量守恒，系统既然孤立，就不能与外界有能量交换，所以能够到达的各种状态总能量都必须一样。遍历"所有"可能的运动状态可以理解为系统把酸甜苦辣都一一尝遍，最接近于"风水轮流转"主张的机会均等的意思。然而，这个各态历经并非系统的普遍特性，有些处于特定条件下的系统，状态空间会出现"奇点"，使系统的运动总在其周围打转，很难跑到远处，故称为"吸引子"，它就破坏了系统的各态历经性。因此，这是一个非常靠不住的假定。何况，即便如此还得满足相当的条件，如系统孤立，时间足够长等。这对于社会系统显然太过苛刻，一个社会怎么可能完全孤立？再说时间足够长是多长？长过人的平均寿命若干倍，一辈子都等不到，各态历经也就没有任何意义了。但是，也不能排除一个社会系统会偶有使自己孤立的倾向，于是它在状态空间的运动轨迹也就趋向于分散，从而历经更多的状态，使各种机会降临于较大范围的人群。

问题在于，这种"机会均等"的状态对系统整体而言是好事还是坏事？在物理上，孤立系统的自然发展趋向是走向平衡，而平衡态实际是一种"死态"。它处处均匀，没有跌宕起伏，也没有结构，假如没有外部扰动，可以保持亿万斯年。人体的平衡态就是走向死亡，全部腐朽，成为一摊烂泥。相反，一个有活力的系统必须对外界开放，接受外界的熵流或信息流，从而使自身结构不断进化、调整。在结构之中显然没有个体的整齐划一或平等，但所有的成员都是结构的有机组成部分，是执行整体功能不可或缺的要素，从而享有作为整体一员的光荣和权利。这也许才是个体应当追求的境界，千万不能坠入"不患贫、而患不均"的狭隘和愚钝，哪怕这种不均有时甚至要求少数个体成员作出必要的牺牲，以换取整体更大的利益。

　　期盼幸运降临到每个人的头上不仅机会渺茫，而且未必合理，于是人们把现实的努力都转向"公平"的分配。可是不幸得很，由于随机性，在财富分配中却并不存在严格意义上的公平。这个不存在并非因为任何"技术困难"使得公平的分配难以实现，而是根本找不到公平的标准：弄不清什么叫公平，就无法确定控制实现公平的信息。在下在《物理社会学》中专门考察过这个问题，包括按劳分配等各种分配方式都有某些固有的、不可逾越的障碍，使得人们很难接受它为公平。这使在下逐渐认识到公平的概念原只是为了心理调适，并无客观基础。这种心理调适来自人和人的基本生活需求其实差别不大的事实，比如仅就果腹或御寒，无论穷富所需的食物、衣物数量大致是相同的，实际存在的消费差距多半是来源于奢侈和浪费。即便如此，消费的差距和财富占有的更大的差距相比仍然是微小的。造成这种差距有复杂的原因，合理和不合理的因素都有。所谓"合理"需要有个客观的标准，即分配必须有利于生产的持续和发展，由此立即看出需要对生产要素或资源实行回报，假如不回报或回报不恰当都会造成资源的流失，使生产难以维持。所谓"不合理"则包括各种形式的巧取豪夺，如暴力、欺诈、垄断和其他破坏正常经济秩序的行为。至于随机性，它谈不上合理不合理，因为不知道它的原因，无论作用是好是坏都只能接受。因此一切关于"公平"的主张都只能针对巧取豪夺，不能针对随机性：既然随机，人就难以控制，针对它也无所助益。总之，在财富分配上很难为平均主义找到任何理论依据，它实际上并不符合整体的利益。相反，不得不承认，在大系统中，"天经地义"的是个体差异，并非均匀一致。

然而有个大前提不能忘记，即全部社会运作的基本目的必须是为了全体民众，或者以人为本。因此必须防止分配的悬殊过大，这不是为了"公平"或"均富"的理念，而是社会实际运作的需要。因为过大的差距会妨碍劳动力的再生产（赤贫人口的健康和教育将拖累整个社会），既不利于人才的竞争，而且造成巨大的心理不平衡，影响劳动积极性，甚至引发社会动乱。其实，少数人极度奢靡的生活虽有助开拓新的消费形式，却也同时造成社会财富的巨大浪费，对于生产的持续发展并不有利，因此必须节制。除此之外，社会还不能忽视对老弱病残的适当关怀，这才符合最基本的以人为本的原则。

现代经济学普遍接受市场分配的概念，相对于回报资源的"二次分配"，它被称为"一次分配"，其中就有由于发展的不平衡造成的种种随机性。市场在经济活动中属于交换的环节，它依赖生产和消费，不仅供需状况实质性地决定着市场的运营，各种随机性也尽数反映到市场中来。首先，生产活动本身就包含大量的随机性，比如种植业至今仍然不能完全摆脱靠天吃饭，气象变化以相当大的幅度影响着每年的收成。工业生产中原材料的供应、机器的折旧都包含随机性，事故和突发事件更完全是随机的。尤其新技术、新产品的开发和应用不可能严格预期，它们会造成原材料市场的重新分配，并激发新的消费形式（像手机的普及）。新技术的应用可能造成大面积的技术改造，但各行各业接受新技术却有先有后，某些部门可能取得先期优势，改变竞争条件，甚至造成新的产业结构。像电脑的应用，各个行业就很不平衡，只能逐步推广。传统的手工技艺，靠的是人工，虽然也包含创新，却很难以机械化、电气化、信息化去推动，这是由产业性质决定的。另外，新技术会淘汰某些老旧的产品，甚至老旧的行业。由于各行各业的技术内容纷繁复杂，新技术带来的技术改造和产业重组也带有随机性质，基本上只能因势利导，不可能强制干预。至于消费方面，各种流行趋势会给市场带来随机冲击，这需要适当的市场预测。有一种由消费者的选择造成的"通吃"效应，大家集体涌向少数最佳的产品或品牌。它不同于卖方的垄断，却具有垄断的效果，造成利润的极度非均匀分配，也难以实行控制。只有在"二次分配"对资源实行回报时，企业或公司内部可以采取人为调节，但这种调节受一次分配的总赢利限制，不可能消除由于行业差异和企业个体差异造成的苦乐不均。这种苦乐不均实际上源于随机性的影响，没有明确的信息基础，因此难以控制。大范围的宏观调节只可适当引导，避免其消极后果恶化整体的态势，却不能从"源头"上遏制随机性的影响。事实上，市场分配造成的不平衡中通常都是高新技术占据优势，如工农业之间的剪刀差本质上就是这种优势的反映（工业代表更先进的生产形式），所以宏观调节不能、也不应当扼杀先进，实行平均主义的政策。

大系统中的随机性都源于个体差异，所以对个人的影响尤其重大，人也因此必须正确认识自己和环境。个人生活在社会中，外部环境始终充满着不确定因素，决定着人生的轨迹。当然不能消极等待各种机遇的从天而降，却不能不在日常努力工作的同时，明白一个道理，人生道路的转折点常常是由偶然事件或某种机遇决定的。从非平衡热力学知道，具有不同后续发展道路的"分岔点"附近，随机涨落可能具有决定性的影响，开始毫不起眼的事件或因素实际上是控制发展进程的关键。因此学习应对各种偶然的突发事件关系重大，无论好坏都不能等闲视之，既不能错过发展的机遇，而在逆境中也要努力争取立于不败之地。

随机事件与日常按部就班的工作主要区别就在于它包含不确定性，或有多种可能性，各具不同的概率。所以必须学会以多种方案应对，既做最坏的打算，也要争取最好的可能。这种几手准备的策略是随机哲学最重要的实用纲领，它借助了概率的分析。民间所谓"不要在一棵树上吊死"正是这种策略的经验概括。即便不能预测各种情形发生的概率，至少要及早醒悟，及早回头，才能争取下一步的主动。在古典力学中，物体的运动取决于体现力学规律的微分方程，人的生活历程也可作此类比，虽然不能实际写出这个方程，但知道它通常包含若干随机数，是一个随机微分方程。方程的一个重要解法是采用"数值方法"，将自变量（时间）的取值范围分成许多小格，在每个小格中方程变为可解的代数方程，格子分得越细计算越准。从头到尾逐格计算可以得到完整的轨道，它相当于常说的"摸着石头过河"，是一条重要的行事准则。

# 十七　真理和利益

　　这个标题立即会使人想到名言："如果几何定律触犯了人们的利益，人们也是要把它推翻的"，意思是人们多看重利益而漠视真理，把利益置于比真理更高的地位。然而这句话的意思却完全经不起推敲，甚至根本误导了人们对真理和利益的观念。第一，几何定律怎么可能"触犯"人们的利益？这些定律只是帮助人们了解图形的性质，人们可以拿它去谋求利益，能不能得到利益是人自己的事，与定律何干？第二，几何定律怎么能够推翻或打倒？随便哪条定理，无论关于三角形还是关于圆的，用什么"大规模杀伤武器"攻击也是无济于事的，绝不会改动它们分毫。这句话不过暴露了人们对于真理和利益的基本概念及相互关系十分糊涂，完全出于误解。之所以有人会发出如此感叹不过是生活中有人过于见风使舵，毫无诚信可言，甚至罔顾事实、指鹿为马、颠倒黑白，一切随利益转向，用这样一句话挖苦挖苦他们倒也无所谓，但要把它当真，作为生活的定则就有些冤枉和莫名其妙了。

在下一直深感社会生活中概念的含糊，真理也算其中之一。一个常见的误用即是把它同"正义"并列，比如捍卫真理和正义。注意正义一词具有明确的社会价值取向，而真理却未必，至少几何真理便没有，要问勾股定理有什么社会价值取向，是支持共和党还是民主党，那是很荒谬的。这提示我们必须区别认识的真理和社会的真理。认识的真理有是非，比如测量直角三角形各边的长度，假定结果与勾股定理不符，那测量便一定存在误差。这是科学的是非，并非社会的是非。所有科学都存在这种是非，只要科学规律断言某个内容，它就传递了自然的信息，是这样而不是那样，这便是是非。认识的目的全在弄清这个是非，使其符合实际，因此真理首先属于认识范畴，不管利害，也没有价值取向。只有到了社会生活中，一切以人为本，才产生价值取向，出现了利益的概念。本节就要解析这个过程，看看相关概念是如何浮现出来的，以及在这个过程中认识的真理如何部分地衍化为社会的真理。

利益的概念似乎人人明白，其实不然，假如说利益就是好处，就是占便宜，那等于什么也没说。严肃的讨论通常会追溯到人的生理需求，它们是基于生物学的规律。然而需求是各种各样的，无论衣食住行或其他高层次的需求都有明显的个体差异。所以理论的深化要求把需求的概念普遍化（抽象化），对此生物或其他专门科学就无能为力了。所谓普遍化即是摆脱需求的各种具体规定，只关注问题的形式方面，也就是从形式科学、确切说是从热力学去寻找答案。有人不理解为什么像利益这样的概念也非扯上热力学不可，他们不懂科学定义摆脱个人观察的视角、避免任何不彻底的重要性。生理和其他需求的确是事实，但并非"最基本"的事实，因此仍然需要解释，而只要一解释便可能掺入解释者的个人特质。

深入考察概念的起源、扩大其理论基础通常有两个方向，首先便是寻找各种可能的形式类比，把相关的概念同最普遍的形式关系联系起来，辨别它表达了这些关系的何种侧面，借以获得普遍的品格。各种形式关系的特点是超越于物质运动形式的划分，或者说它们适合于所有的运动形式，因此其普遍性不容置疑。热力学的基本原理正是具有这种性质，所以像熵、混乱度、有序无序等概念均可直接应用于任何大系统，不论是气体分子还是人类社会都一样。利益概念的深化必须采取这条途径，因为它包含不对称的价值判断（有利或不利），最终不能不回到热力学中过程的不可逆性上来。

除了形式化之外还有另一个方向，即"还原论"的思路，挖掘现象的根源，把它归结到更基本的运动形式，从而拓展概念的基础。比如认定血液循环是一般流体运动的特殊情形，因此它适用流体力学的概念和规律。事实上所有高级运动都是低级运动形式的特殊表现，生命物质是从非生命物质产生的，所以生命物质是一般物质的特殊情形。同样，有思维的生命是一般生命现象的特殊情形，生命体中的化学过程是一般化学运动的特殊情形，化学运动是物理运动的特殊情形等等。沿着这条思路，可以从人类社会一直追溯到心理学、生物学，再到化学，最后到物理。许多人不了解物理学的这种特殊地位，误以为它只是单纯的实验科学，由一大堆实验事实组成。恰恰相反，物理学其实更像公理化的几何学，它只从极少数的普遍规律或原理出发，其余的一切结论均需由此演绎。不同于几何学公理的是，物理学的基本原理不是人为的假设，而有着坚实和广泛的实证基础。现在自然界观察到的有四种基本的力（引力、电磁力、强和弱相互作用力），各有不同的力律，物理学家仍然嫌多，要将它们统一、归并为一种力律，以深刻了解力的本质。即使像时间的单向流逝这种基本事实，大家早已不假思索地接受了，物理学家同样要问一个为什么，力图挖掘它背后更深刻的原因。在宏观世界中，这被归因于过程的不可逆性，而在微观层面上，由于没有这种最终与概率的实现相联系的不可逆性，只能同时空维度的研究联系起来，至今仍是热门的前沿课题。

　　不过仍然有个别概念必须作为例外，它们与"存在"的命题相关（包括"实在"、"实体"之类）。逻辑上显然要把存在放到物理或任何其他运动形式"之前"（谁都不能研究"不存在"的东西），所以它不可能借助物理或其他任何理论来说明。从这个角度看，笛卡尔的名言"我思故我在"其实一点也不通，因为在"思"和"我"的概念自身获得明确定义之前，根本不允许用来定义

"存在"或其他任何概念。

利益概念属于社会生活范畴，处于高端地位，当然不可能作为"不言自明"的概念来接受。因为社会是在自然界发展的基础上产生的，只要追溯这个过程，应当能够演绎它的所有概念。这样做不仅可以证明形式关系的普遍特征，而且体现出世界的统一性以及由此衍生的科学的"大一统原则"（亦即科学体系内在的自洽要求，参看第十三、十四节），任何人都不能违背这个原则。由于在下已经多次提到利益概念和人体耗散结构的关系，本节就来更系统地叙述相关的原理和逻辑环节。

首先需要确立一个概念，即热力学上只有非平衡定态才能作为目标状态。注意这里的"目标状态"是指热力学态，不是平常的"目的地"或被瞄准的靶子（目的）之类，这些概念都属于力学而非热力学。不过目的一词含有"终了"的意思，暗指"末态"，不是初态或中间态，这在力学或热力学都一样，算是一点相通之处吧。热力学和力学不同，它关心的是系统的平衡或非平衡，首先是温度均不均匀。所谓"平衡"也不是力学的平衡，力学平衡是指作用于物体上的力互相抵消，物体只能保持静止或做匀速直线运动。而热力学平衡是指，例如温度不均匀，那么高温处的热量就会自动传递到低温处，最后大家扯平。除了温度，压强、密度等宏观变量都有同样的情形，假如不均匀都会自动抹平。所以平衡态是系统"自发运动"必然趋向的状态，也是系统的"最可几"（实现几率最大的）状态。这些物理概念和社会运动

有什么关系？表面上无关，其实关系十分密切。因为
"最可几"状态意味着系统混乱度最高或者熵最大，失去
了信息的控制（信息和熵相反，熵最大信息就为零），或
者说只要没人管，社会一定闹翻天，什么都可以乱抢乱
拿，毫无秩序可言。这种"无政府状态"平常难得见到，
但在某些局部条件下，仍然可能出现。比如发生重大的
自然灾害（地震、飓风等）之后的社区，其混乱状态就
接近这种情形。看得出来，对社会系统而言，既然存在
结构和秩序，也就可以谈混乱度，谈熵，只是这些概念
在社会系统中不像在物理系统中那样有定量的测度而已。
不过，没有定量测度不等于不能够比较大小，所以我们
说热力学概念同样适合于社会。

　　非平衡态中有一类叫做"定态"，或称非平衡定态。
首先是不平衡，所以不能处处均匀，具有结构特征（因
耗散能量亦称耗散结构）。但结构可随时间改变，甚至瞬
息万变，而定态则是结构相对稳定的情形。自然界这种
例子很多，无论时间或空间结构，都有稳定与否的问题。
所有的生物个体，包括单细胞生物，结构都必须相对稳
定。人的身体一方面不断生长和发育，同时又绝不能散
架、乱套。这是看得见的"硬件"结构，还有更多看不
见的"软件"结构或程序，一旦启动便不能乱来。社会
的结构和秩序大多指软件结构，或者办事的规矩和章程。
规矩或章程不能只用一次就拉倒，用过即废的程序只是
单纯的过程，不能叫规矩，凡是规矩都要在时间中重现。
比如权力，下面办事得先请示，次次如此，哪次不请示

就自作主张便是破坏规矩，属于系统的乱象，将使系统出现熵增。但凡不受控制的自发趋势大都会妨碍结构的稳定，给系统添乱，促使系统的熵增加，当熵达到极大值时系统便实现平衡，自动停止任何发展。

可以借用一个形象的例子来解释只有非平衡定态才能作为目标状态的道理，我们来观察吸烟者吐烟圈的游戏。系统便是喷出的一团烟雾，其中有复杂而清晰的纹理，在空气中回转、翻腾、飞散。注意纹理表示烟雾微粒的分布不均匀，虽然瞬间即逝，仍在每个时刻显示烟雾的特征，系统显然是非平衡的。每团烟雾都限定在一定范围，如不受外界影响，由于小颗粒的混乱运动，分布将逐渐变得均匀，纹理全部消失，成为一团淡淡的白雾，表示系统趋于平衡。现在让吸烟者吐圈，烟圈在空中约能保持几秒或十几秒，时间虽然很短，但相对于烟雾颗粒的混乱运动也算很长了，足以使我们把烟圈结构看作稳定的"定态"。由于存在烟圈，系统应当是不平衡的，因而它是一个非平衡的定态。这个定态是吸烟者刻意制造的，必须精确控制嘴唇的形状和吐气的力度才能成功，所以烟圈可以算作吐圈者的目标状态。当然，烟圈的形状十分简单，可谁还能吐出更复杂的花样？一般烟雾中混乱的纹理，难以用言语确切描述，但可以想象用照相机拍下各个瞬间，假如让人去严格重复照片上的花样，显然是不可能的。不光嘴吐不出来，就是机器也不行。为什么？因为复杂的花样不能只由宏观描述，它包含大量的细部，介乎宏观和微观之间，也就难以单靠宏观信息实行控制。而目标状态必须是经由（人的）意志传递的信息实行控制达到的。就像把墨汁搅进水里，谁能刻意控制其花纹的形状？所以，一般的非平衡态不能作为目标状态，哪怕瞬间的实现也不行。

至于平衡态，它无需控制，任凭自发运动就能实现，成为末态或目标状态。但这个状态毫无活力，一旦进入，没有外界扰动，便始终停留在那里，所以它实际上只是一个"死态"，除非自杀，一般也不能作为人刻意选择的目标。平衡态不行，一般的非平衡态也不行，剩下能够作为目标状态的便只有非平衡定态。

这些抽象的叙述有什么实际意义？意义很大！事实上，社会进化无非是不断地构建新的社会秩序，它们都是可以控制实现的目标状态。社会运作虽然必须获得某些现成的实物，但前提是要完成一个预先设计的过程结构，实物不过是过程进行的结果。就像车间必须完成一组工艺流程才能得到产品，农民必须经过一系列的耕作才能获得收成一样。要紧的是，所有的过程结构热力学上均属非平衡定态，社会、人生乃至人的身体，但凡涉及结构和秩序，通通可以这么说。工程师设计搭建的生产工艺流程是一系列自然过程的组合，各个步骤绝不容许乱来，必须具有稳定的结构，所以它属于非平衡定态。一种经济秩序或规则，从企业的内部管理到外部的贸易、储蓄或汇兑等经济活动，都要靠办事的程序结构去实现。政治家推行自己的政策，其实也表达各种社会活动（立法、司法、行政、选举、决策）的程序结构，依然是非平衡定态。

　　作为目标的结构不能自发产生，必须在特定的条件下，实行精确的信息控制才能建立。所以目标的概念隐含主体意志在内，天然结构，无论多么精巧，都不能认为是"有目的地"形成的，除非它受相对完备的反馈中心控制。"造化神工"、"鬼斧神工"永远只是一种比喻。这也看出为何热力学上只能以非平衡定态作为目标状态，因为只有在这种状态下才有经对称破缺给出"有限的"宏观控制参量。① 不消说，目标结构建立之后也不能放任自流，需要认真监控和维护，否则很容易受到自发行为的干扰和破坏。

　　目的结构是利益的基础或前提，必须先有结构，才有趋向或背离该结构的不可逆过程，才能谈得上系统的发展是趋向、巩固和发展该结构还是背离、干扰和破坏该结构，分别对应于"有利"或"不利"目标的实现。可见，之所以需要"利益"或"价值"的概念就是为了表达这种不对称。假如不先设定目标，什么事都无可无不可，随便怎样做都无所谓，那就谈不上"有利"或"不利"（不知道"利于谁"），也就无从形成"利益"的概念。正因为如此，任何具体利益都是针对不同的非平

------

　　① 有个著名的耗散结构的例子，叫贝纳特包，即将容器中的液体均匀加热，待上下表面的温度差到达某个范围时，原来均匀的液面就会出现由于液体上下翻滚形成的六角形。这称为"对称破缺"，即由原先各向同性降低为六角对称。此时描写液面的宏观结构只需少数参量，实际就是正六边形的大小。因此控制贝纳特包的形成只需要一个物理参量，就是液体上下表面的温度差。

衡定态而言的。人体的耗散结构需要物质维持，所以便有物质利益。当然这个利益可以变形，不一定是身体直接消费的食物和衣物等，而是钞票或银行账号里的数码，这种差别并不重要。政治家的政治主张均可归结为他想建立的社会秩序，实行他认为必须遵从的规矩，这些秩序或规矩便表达了他的政治利益。政治利益的实现牵动着经济利益，经济利益则关系到生产的工艺流程，用于尖端武器的技术进步则可能直接影响国家的政治利益。总之，各种利益互相影响、互相依存。每个系统都有自己的利益，从个人、家庭、团体（公司、学校、医院、银行等）到地方，到整个国家，甚至全球，都有自己的利益目标（适合自身的结构秩序）。这使我们有各种各样的利益，不仅不同的系统利益不同，而且每个系统都有多方面的利益，因为它可以维持多种不同的内外关系。利益的多样性反映了系统及其结构的多样性。

　　注意系统在发展中距离非平衡定态不远时，趋向或背离它都会以接近于1的概率进行。意思是，例如系统处在趋向某个非平衡定态的过程中，已经适当接近它，只要不改变相关条件，那么该定态几乎肯定会实现。反之，如果系统是背离某个定态，它也确定会离开，不再回头。所谓"适当接近"的意思是系统状态与几个非平衡定态不等距，最接近其中一个，已经占有明显优势，途中也没有"分岔点"可以引导系统走上别的发展道路。换句话说，系统的"目标"不再含糊，不会再"三心二意"了。

　　这个概率接近于 1 的条件逻辑上很重要，没有它就表示系统的发展道路游移不定，人就无从判断系统所处的状况是"有利"还是"不利"于目标实现。要不然，实现利益目标就成为不可控制的事件，利益概念便具有随机性质，大家只能等着天上掉馅饼了。事实上，常识或因果律告诉我们，任何事情，只要把功课做足，总会"水到渠成"得到期望的结果。在工厂里，严格遵守操作步骤，使生产的工艺流程圆满实现，便定能得到合格的产品。这是因为设计时工艺流程业已经过反复试验，属于成熟的工艺。在试验过程中，或许会发生这样或那样的状况，使流程需要不断修改，表示程序结构尚不稳定或成熟。可一旦试验成功，各种条件和步骤固定下来，工艺流程成为稳定的结构，后果（出产品）就不再有任何悬念或随机性了。

　　在下如此喋喋不休大讲利益和非平衡定态的关系，目的是想把读者带到一个境界，使大家对包括社会、团体和个人在内的各种系统形成一个总的概念，它们都包含大量的非平衡定态，是许多这类定态或结构的组合或堆砌。在社会生活中必须用这个类似看待机器的眼光来观察结构和秩序，把各种规章制度理解为办事的程序结构，类似于计算机的软件，以此更加深刻了解社会现象的变化和发展。各种结构互相嵌套（你中有我我中有你）、叠加（处于不同的层次），分别执行特定的功能。比如人体的器官都有自己的结构，各自支持特定的生理过程（程序结构），并产生相应的生理机能。不同的社会团体性质和作用当然不同，公司搞经济，医院看病，学校教书，除硬件如房屋、家具、设备、人员的区别外，都各有相应的组织章程和办事规则，决定它们如何运作，执行各自的功能。假如这些章程和规则得不到严格遵守（软件结构受损），办事就不顺利，系统的功能就会削弱甚至丧失。国家社会也一样，各种结构和秩序由法律、法规、行政命令，及契约、合同、乡规民约，乃至不成文的道德规范和风俗习惯确定。它们如果遭受干扰或破坏，相关的社会运作就必定扭曲，使系统的局部或整体功能受损，最终减少社会可能获得的各种利益。

　　结构和功能是现代科学的基本概念，从微观粒子开始，到宏观和宇观，两者的关系始终是研究的核心。机器因结构不同而具有不同的用途，但结构除了力学平衡（主要影响硬件）之外，更重要的是热力学性质，把社会的结构和秩序（规章制度）辨认为非平衡定态耗散结构，不仅将使社会科学和自然科学更加充分接轨，有助于实现科学的统一，还有重要的实际意义：既然机构的效率受制于规章制度，那改善功能、提高效率便只能从改变系统的内在结构着手。首先着眼于改善软件的程序结构，同时关注支持软件结构的平台，或硬件结构。提高人的素质也要纳入这种思维，人的血肉之躯属于硬件，因此需要健康的体魄，但发达的思维则决定各种制度、规则的建立和运行，更直接决定功能的发挥和效率的提高。

　　功能的概念和利益完全一致，执行了功能才能获得利益，而有利益就会有利益的"最大化"问题。这便把问题提升到另一个层次，即如何通过结构调整来扩大和提升系统的功能，以获取更多、更大和更高的利益。或许有人对采用机器的观点观察社会心存疑虑，以为是要回复到机械论，否定人的主观能动性。这其实纯属误会，发挥能动性首先要承认结构的存在，具体了解结构和功能的关系，然后才能依照这些关系去能动地改进结构，提高功能。利益的最大化需要真理的引导。在每种环境条件下，特定的结构可能产生的利益是有限的，这类似于机器的产出能力。要想获得更多、更大的利益只能对运作的结构进行调整，甚至搭建全新的结构。这件事显然不能是随机的，必须在人的严格掌控下进行，而实施控制所需的信息只能来自客观规律，把各种规律用到特定的环境条件，找出易于为人掌握的因素，通过调控使利益最大化。这不能不要求认识符合实际，于是问题便回到真理的层面。所以真理和利益根本上是一致的，完全不存在如本节开始所说的几何学的定律触犯人的利益的假设情形。

把社会的利益最终归结到人体的耗散结构上来，除了身体、器官的结构之外，还包括思想和情绪结构。所谓思想结构是指观念体系，构成知识和能力（能力也是一种结构，因它需要动作的协调），而情绪结构则包括与情绪相关的信号刺激和配套的生理反应。这些结构也以可作为行为的目标，比如使自己学会某种知识便是打造特定的思想结构，通过休息、娱乐或其他调适方式使自己放松、警觉或保持心情愉快等。它们和身体结构一起导致通常所说的物质和精神利益。这一切结构最终都归结到人，所以是从更深的层次上解读了"以人为本"，证明绝不能把这个口号狭隘地看作某种政治标榜；相反，它是环环相扣将全部社会运作实实在在进行解析的结果。既然人是一切社会运作的终极目的，也就必须事事以人划线，按照人的要求来辨是非、定好坏。比如各种物质都是客观存在，本无所谓优劣，但因有了人，就要区分有毒和无毒，食物和非食物，食物中还要按营养的标准继续划分。刮风下雨作为自然现象本无所谓对错，但因有了人工的种植业，便出现了合理灌溉和防止旱涝的问题，它们影响收成，因而或者有利或者不利于人类。总之，事情是好是坏，一切利害关系和价值判断通通都以人作为最后的标准。没有人体的耗散结构自然过程可以随意进行，没有人，哪怕你世界洪水滔天！同样需要强调，这里所说的"人"必须是人类整体，虽然包括却不能简单归结为它的个体表现，因为系统论中整体可以"大于"部分的和。

利益之所以需要真理的引导是因为必须根据客观规律传递的信息把利益的获得组建为因果控制的过程，但社会活动是划分为层次的，不同的层次结构不同，也就需要不同的真理。单纯的自然规律无所谓优劣，后发现的电磁学定律并不比先前的牛顿定律更先进，但应用这些规律组成的生产工艺却有先进落后之分，先进代表高的生产效率。可见价值判断是在自然过程的基础上额外增加了一道组合手续，成为社会生产的技术结构之后才产生的。生产之上是经济活动（交换、分配等），它们或者促进或者阻碍生产，所以经济结构也有优劣，是另一种价值判断标准。还有政治和其他社会活动，其价值判断则要看相应的结构（政治制度、思想观念）是否有利或促进经济和生产的发展。这不仅证明存在社会的真理，而且这个真理与自然科学不同，是有价值取向的，因为各个层次的结构都是非平衡定态，最终瞄准的是人体的耗散结构，必须经过不可逆过程才能实现，一切关于真善美和假恶丑的辨别最终都要回到这个基本问题上来。

从社会的结构和秩序出发来定义有关社会生活的概念应当看作一种"范式"，其他的概念都要接受这样的"加工"或检验，直接或间接与这些结构和秩序挂钩，表达它们的某种特性或某个侧面。例如人们经常碰到的一个问题是权利和义务，它们应当是什么概念呢？现行的定义其实很缺乏科学基础，所有的权利都被说成是"天赋"的，其实老天爷半句话都没说，全是人在主张。人为什么这样主张而不那样主张可能有一定道理，但却没有确切的标准，通通带有人的印记，所以引起纷争不断。权利和义务的"统一"也只是一种见解或主张，虽然它未必不对，同样缺乏基本的论证（哪怕有许多事证）。而从结构和功能的关系来看，这个问题原本十分明白，因为要执行一定的功能，就必须维持一定的结构，而维持一定的结构则必须保证相应的条件。这些条件保证就直接导致"权利"的概念，或"有权获得"相应的条件，究竟是什么条件或什么权利则要看执行什么功能而定。

所以没有抽象的主张，只有具体的论证，而具体论证即可以大大减少扯皮，就像单位配发手机是工作需要，"需要"是可以具体论证的。至于权利和义务的统一则自然包括在功能的执行中，如不需要执行某种功能，条件也就无需保证了。所以，执行功能乃是享受权利的应尽义务。好比公司为了开展业务而派员外出进修，该员便享受了额外的教育权利，但他进修回来是要干事的，要尽义务，不能光学本事不干事，这就是权利和义务的统一，它完全符合结构和功能的理论原理。

# 后　记

　　本书一再强调的重点是哲学和社会科学必须同自然科学"接轨"，这也是贯穿所有论题的基本线索。道理已在正文中说明过了，它是认识发展的内在逻辑要求，即整个知识体系应当是完全"自洽"的，不能这一部分反对另一部分。有一个不尽贴切、却容易理解的比喻。现在社会都强调"法治"而不是"人治"，其实人治并不一定都坏，皇帝老儿为了整体的利益常常也会作出某些英明的决策。但社会还是希望法治，因为人治不保险，坏皇帝、贪官、昏官十分常见，遇到他们便集体倒霉。法治并不完美无缺，但好歹经过讨论，形成条文或制度，假如照章办事，可以避免许多人为因素造成的缺失。

　　哲学和社会科学正是这种情形，靠哲学家和社会科学家的个人睿智？这就很像人治。迄今的哲学和社会科学都是由聪明人或智者"自行立说"建立起来的，你有这个学说，我有那个主义，他又有另一套理论。再不济也能弄出个什么"观点"或"看法"之类，总之是各有各的主意。它们有些一致，有些却不一致，但个个都理由十足，轻易批不倒的。当然，如果是针对不同的问题，各种理论可以各司其职，共存共荣。但有许多恰恰是针对同样的问题，如思维的本性如何，有没有灵魂，社会如何治理等等，往往水火不容，吵得不可开交。这被称为"意识形态分歧"，而且把它解释为来自不同人群之间利益的不一致。这肯定也有道理，可是真理呢？真理的"惟一性"在哪里？说白了，在这个概念框架下，真理只能是利益的婢女，学者（！）们仅仅是根据不同利益的要求去"编造"不同的理论。因为利害冲突始终存在，所以意识形态的分歧便具有永恒的合理性。假如把学问作到这个框架里，确实是很悲哀的。

和盼望好皇帝一样，做学问就盼着有睿智的学者或大师，只有聪明能干的大师作出的学问才正确，才有权威（还好不是倒过来，越"权威"的大师做的学问才越"正确"）。却忘了个人都是有局限的，至少有历史的局限。就拿黑格尔来说，他亲历过多少社会实践？见过多少时代的变迁？懂得多少科学？他的整个体系基本上是做概念游戏（思辩）做出来的，能有多大的可靠性？当今社会远非诸如此类的大师生活的时代可以比拟，他们当初"自行立说"时依据的许多观念早已变得不合时宜，甚至颠倒了是非，加上新事物大量涌现，所以不可能准确反映外部世界的全貌，更难概括新的现实。还把他们的一句半句话当作经典，奉为圭臬，靠着他们过日子实在太没出息。当然知识需要传承，但传承要注入新的活水，不是照抄照搬。"三段论"带有黑格尔的鲜明印记，虽然睿智，仍然受到质疑，有人硬是不承认"否定之否定"。所以在下不得不拿看电视做题目，用影像和实物的"物理差别"来论证这条规律，使"三段论"的逻辑结构获得"实证"。不再是靠猜、靠悟性、靠心领神会得到的"见解"，而是人人"非接受不可"的确凿事实。在下的确想知道质疑"否定之否定"的先生对此还有什么话说，将如何解析这个简单的事件。这充分表明，即使解决古老的哲学争论也最好回归科学层面，而不是各用一套概念去打口水仗，赢得"理论的胜利"。

　　长期以来，流行把思维对存在的关系问题作为"哲学的基本问题"的标准说法，按照对这个问题的不同回答可分为唯物主义和唯心主义两大阵营。而从科学的角度看，我以为可以有不同的思考，本书明确指出，思维对存在的关系"不是"哲学的问题，只是科学问题。哲学家不仅不应当插手，甚至没有置喙的资格，因为它最终要靠实验的神经生理学，许多实验要在细胞或亚细胞的水平上进行。20世纪50年代，思维的本性就已被纳入科学的前沿，加上形式科学如信息论、控制论和系统论的发展，它们都适用于自然界、人类社会和思维现象各个基本领域，这不能不带来相应的后果，包括哲学的对象和体系究竟该如何界定，在下都以为必须重新思考。

　　为什么同自然科学接轨会有"法治"的意味呢？因为自然科学不属于任何个人（和法律是"公法"而不是"私法"一样），尽管杰出人物对发展自然科学作出了决定性的贡献。然而这些学说和理论，一经实践检验并广泛应用之后，就不再属于个别的科学家，而是全人类的共同财富。相对论是爱因斯坦的私产？不，它是全体物理学家的共识，属于全人类！自然科学的规律就是自然界的法则，虽不像法律条文那样规定有如何处罚的条例，但它对违规行为的惩罚恰恰是最严厉、最铁面无私的，谁都不可能讲半点人情。所以从这些规律出发进行演绎得到的结果，比靠个人睿智归纳出来的结论更为可靠。尤其是，演绎过程的全部逻辑环节都是公开的，出现任何错误，谁都可以纠正。就像在数学、物理等自然科学中，大师的错误可以被任何普通人纠正一样。哲学和社会科学要摆脱"意识形态"分歧的羁绊，非走演绎的道路不可。而要演绎就必须寻求经过实证的、公认的共同出发点，这就是自然科学，所以要同这些科学接轨。

　　本书正是采取这条路线尝试对哲学进行科学的改造，希望改变大众把哲学看作耍嘴皮的恶劣印象，以为说得精彩就能取得理论优势。这其实根本不正常，就像打官司，我明明比你有理，可是我的律师不如你的律师，判决下来反而吃亏。自然科学的规律全靠实践，不靠耍嘴皮，个人哪怕笨嘴笨舌，该有理照样会有理。哲学和社会科学不能专门做实验，但往能做实验的这边靠将会更保险。这就要求把哲学道理具体化、确切化，不要模棱两可，否则自然科学是救不了你的。

　　其余的看点应当包括用"寄生目的"的概念对"异化"重新定义，背景是基于事物的复杂性，它在信息论中是一个基本问题。另外把"逆向思维"作为后现代主义的主要特征是在分析它的各个主要流派之后得到的印象，从"解构主义"到"非理性主义"，难道不都是在"反其道"而行之吗？在下特别强调科学的"大一统"原则，希望能得到学界的认同，它不光有理论意义，而且有实际意义。有些学科和别的学科接不上轨，动不动就想"自成体系"（如中医），没有更高的视角是难以明辨是非的。还有随机性是一个值得关注的大问题，因为社会是大系统，所谓"民主政治"的主要理论失足之处恐怕正是在这里。信息的控制作用也在许多论题中涉及，它和因果律是相通的，信息的控制就是因果的控制。它们都是这个时代健康发展的思维中不可或缺的基本观念或常识。

　　我原工作单位的同事和老友、中国科学院半导体所李致洁研究员和夫人张汝玫女士曾对本书的写作和出版给予诸多关心和鼓励，还有老同学、四川经济学院王荣桢教授亦多有关注。在此专致谢忱。

钟学富

2008 年 12 月于美国堪萨斯城